KAMPENWAND
VERLAG

Originalausgabe

**ISBN:** 978-3-96-443802-7

© 2019 Kampenwand Verlag
Raiffeisenstr. 4 · D-83377 Vachendorf
www.kampenwand-verlag.de

Versand & Vertrieb durch Nova MD GmbH
www.novamd.de · bestellung@novamd.de · +49 (0) 861 166 17 27

Druck: FINIDR, s.r.o. - Lнpovб 1965  737 01 Českэ Tějьнn  Česk6 republika

*Danke an alle Partner, ohne deren Unterstützung dieses Buch nicht möglich gewesen wäre:*

**Cover- und Umschlaggestaltung; Layout und Satz:**
Buchgewand Coverdesign | Torsten Sohrmann | www.buch-gewand.de

**Lektorat:**
Susanne Jauss | www.jauss-lektorat.de

**Idee und Text:**
Michelle Schrenk, Christian Krömer

**unter Verwendung von Grafiken/Fotos von:**
Christian Krömer, Nathalie Majewski | www.namama.de
Haraldmuc – depositphotos.com, belchonock – depositphotos.com, mariakarabella – depositphotos.com, valentinar – depositphotos.com, petermayer – depositphotos.com, ajafoto – depositphotos.com, Leonardi – depositphotos.com, Digifuture – depositphotos.com, utima – depositphotos.com, karandaev – depositphotos.com, natika – depositphotos.com, robynmac – depositphotos.com, fotyma – depositphotos.com, studioM – depositphotos.com, Tamara_k – depositphotos.com, zmaris – depositphotos.com, thodonal – depositphotos.com, Vadarshop – depositphotos.com, angorius – depositphotos.com, urfingus – depositphotos.com, Maks_Narodenko – depositphotos.com, bedobedo – depositphotos.com, Annaev – depositphotos.com, igordutina – depositphotos.com, AntonMatyukha – depositphotos.com, Pupkis – depositphotos.com, ksena32 – depositphotos.com, Dionisvera – depositphotos.com, Valentyn_Volkov – depositphotos.com, hchjjl – depositphotos.com, HandmadePicture – depositphotos.com, elenathewise – depositphotos.com, Konstanttin – depositphotos.com, Quagmire – depositphotos.com, AlisaRed835 – depositphotos.com, Netkoff – depositphotos.com, nordfox – depositphotos.com, Saenal78 – depositphotos.com, Monash – depositphotos.com, slasny1988 – depositphotos.com, alexey_boldin – depositphotos.com, 1blackpen – depositphotos.com, deedl – depositphotos.com, Olga_C – depositphotos.com, sasha-kasha – depositphotos.com, AntonMatyukha – depositphotos.com, daughter – depositphotos.com, rastudio – depositphotos.com, palsur – depositphotos.com, keport – depositphotos.com, benjaminlion – depositphotos.com, schiva – depositphotos.com, ivan.baranov – depositphotos.com, adistock – depositphotos.com, belchonock – depositphotos.com, Chutima Chaochaiya – shutterstock.com, 1eyeshut – shutterstock.com, Nikolayenko Yekaterina – shutterstock.com, Goderuna – shutterstock.com

# IMMER NUR BLÖDSINN IM KOPF

## Das Gute-Laune-
### KOCHBUCH

Oma Lisbeth & Christian Krömer

mit Michelle Schrenk

„Du bist mein Sonnenschein an jedem Tag,
du bist mein Lieferservice, wenn ich Hunger hab.
Du schenkst mir Freude, wenn ich Freude such,
deshalb widme ich dir dieses Buch.
Oma, ich liebe dich."

# Inhalt

# Über die Autoren

## Christian Krömer

Christian Krömer wurde 1994 in Nürnberg geboren. Er liebt es, die Menschen zu begeistern und zu motivieren. Zusammen mit seiner einundneunzig Jahre alten Oma Lissi hat er den Instagram-Account **@lisbeth_lissi** ins Leben gerufen, mit dem er Freude schenken und ein positives Lebensgefühl vermitteln will. Sein Markenzeichen sind seine verschiedenfarbigen Augen sowie sein Lachen und die optimistische Ausstrahlung. Nicht alles so ernst nehmen und auch mal Blödsinn im Kopf haben, weil es das Leben einfach schöner macht. Just do it. Das ist sein Lebensmotto, und damit trifft der sportbegeisterte junge Mann ins Herz seiner Fans.

**Mehr über Oma Lissi und Christian Krömer findet ihr auf** *www.team-lisbeth.de*

**sowie auf Instagram unter** *www.instagram.com/lisbeth_lissi* und *www.instagram.com/christian_kroemer*

## Michelle Schrenk

Hinter der Autorin Michelle Schrenk steckt eine 1983 in Nürnberg geborene Wassermannfrau, die sich bereits im Grundschulalter dem Schreiben von Geschichten widmete. Träume, Sehnsüchte und die große Liebe spielen in ihren Büchern eine wichtige Rolle. Damit trifft sie auch ins Herz ihrer Leser.

Seit dem Erscheinen ihres Debütromans im Jahr 2014 hat sie bereits vierhunderttausend Bücher verkauft. Nahezu jeder ihrer Titel war ein Bestseller und in den Amazon Top 100 vertreten. Ihr herzerwärmender Roman „Kein Himmel ohne Sterne" befand sich 2017 und 2018 sogar für mehrere Wochen auf Platz eins, mehr als zehn Monate lang ohne Unterbrechung in den Top 100 und wurde zum Kindle-Jahresbestseller 2017. Mit ihrem Buch „Irgendwo hinter den Wolken" ist sie einer der drei Finalisten des Kindle Storyteller Awards 2019.

Sie ist überzeugt, dass es viele Wege zum Glück gibt, und hofft, ihren Lesern mit ihren Büchern ein wenig davon zu schenken.

**Ihre Bücher sind bei Amazon und im Handel erhältlich. Mehr über Michelle Schrenk und ihre Bücher gibt es hier:**
*www.michelleschrenk.de*
*www.instagram.com/michelle_schrenk_autorin*

# Vorwort

~~~~~

## Wer immer das kocht, was er schon isst, isst immer das, was er schon isst.

Liebe Follower, Fans und Kochbegeisterte – aber auch diejenigen unter euch, die unser Buch geschenkt bekommen haben und vielleicht gerade überhaupt nichts damit anfangen können.

Ihr wollt gute Laune beim Essen? Gerichte, die schmecken wie bei Oma? Einfach mal wieder was Neues oder Altbekanntes ausprobieren? Dann seid ihr hier genau richtig.

Egal, auf welchem Weg dieses Buch zu euch gefunden hat, es soll euch genauso viel Freude bringen, wie wir sie bei der gemeinsamen Umsetzung des Projekts hatten.

Gutes Gelingen!

*Oma Lissi, Chris und Michelle*

*PS: Wenn nichts anderes angegeben ist, sind die Rezepte in diesem Buch für vier zu bekochende Personen gedacht.*

# Wer wir sind: Oma Lissi und Chris

Wir sind Oma Lissi und Chris, kurz: Team Lisbeth. Vielleicht kennt ihr uns schon von unserem Instagram-Account.

Wie auch immer ihr zu uns gefunden habt, wir freuen uns jedenfalls sehr, dass ihr hier seid, um euch mit uns an einen Tisch zu setzen. Viele von euch haben uns in den Storys auf Instagram gefragt, welche geheimen Zutaten sich hinter Omas Gerichten verbergen. Deshalb haben wir dieses Buch geschrieben – mit ganz besonderen Rezepten für euch, die Freude ins Herz zaubern und Erinnerungen hervorrufen sollen. Erinnerungen an eure Oma, eure Familie, an schöne Erlebnisse und eine gute Zeit, die im Gedächtnis bleibt.

Mit diesem Buch möchten wir euch mit zu uns nach Hause nehmen, so wie wir es bereits in den Videos auf Instagram machen. Wir plaudern darüber, wie alles begann, lassen euch an unserem Leben teilhaben und verraten euch die Koch-rezepte für ein garantiertes Lisbeth-Gute-Laune-Feeling. Um alles noch realer für euch zu machen – nicht zuletzt auch für diejenigen, die uns noch nicht kennen – findet ihr im Buch immer wieder QR-Codes. Diese bringen euch direkt zu den Videos auf unserem Account und schaffen so ein ganz beson-

deres Lesegefühl. Keine Sorge, das geht ganz leicht. Handy-
kamera auf den Code halten, und schon kommt ihr zu unserem Profil. Probiert es aus.

Wir wünschen euch viel Spaß mit unserem Gemisch aus
Geschichten, einer Prise Liebe, ganz viel Freude und auch ein
bisschen Blödsinn. Denn das ist eines der wichtigsten Rezepte
im Leben: das Rezept zum Glücklichsein.

Eure

*Oma Lissi und Enkel Chris*

# ALLE FRAGEN IMMER NACH DEM WARUM

Wie oft besuchst du deine Oma?

Führt ihr tiefgründige Gespräche?

Wohnst du bei Oma im Haus?

Wie kommt man auf die Idee?

Wie hat das alles angefangen?

War euer Verhältnis schon immer so gut?

Warum hast du einen Instagram-Account mit Oma?

Findet Oma das alles überhaupt gut?

Wie kam die Idee mit dem Buch zustande?

Und ist es dann immer lustig?

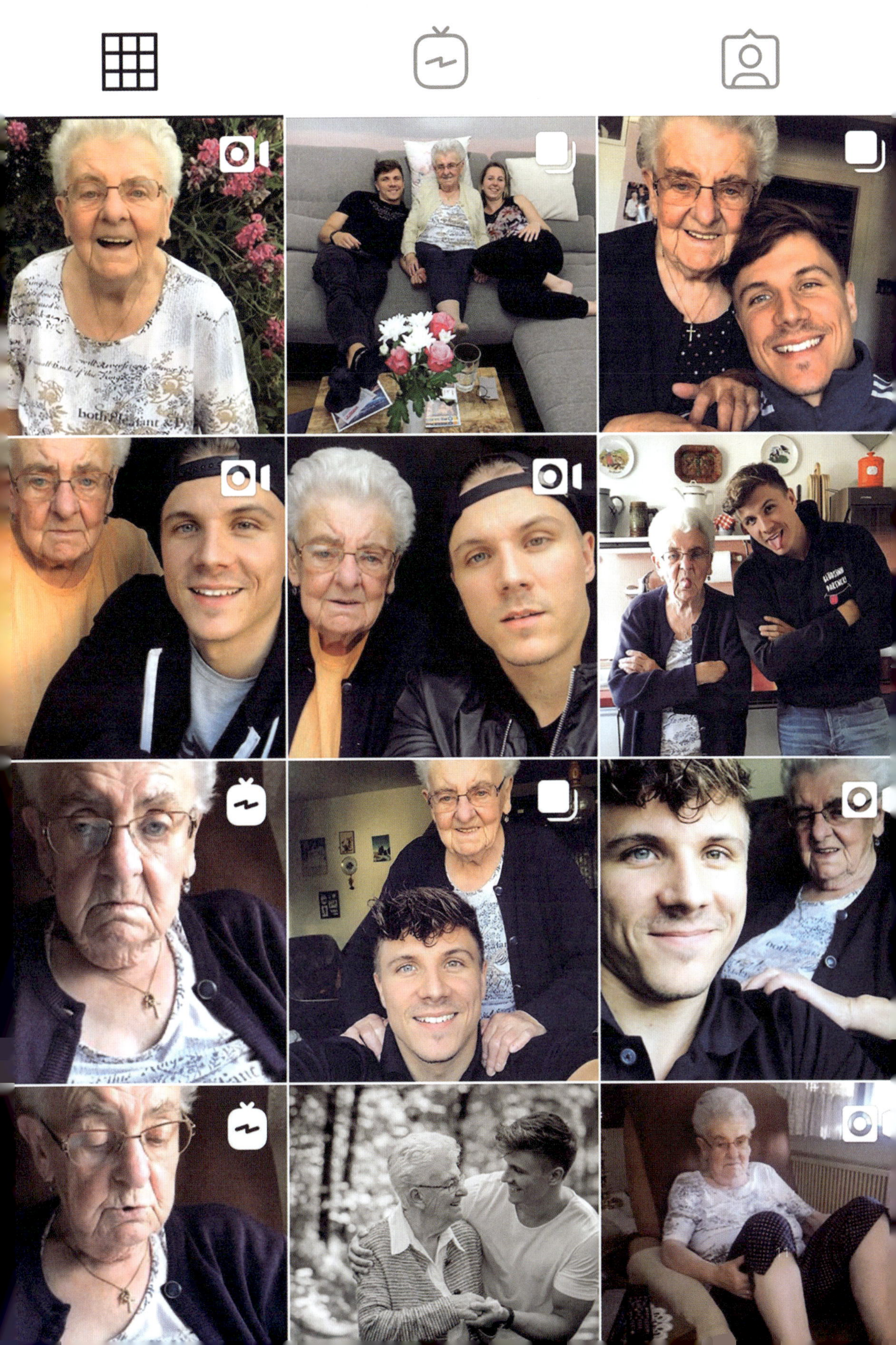

# Nutzt du deine Zeit?

Zeit mit den Menschen zu verbringen, die man liebt, ist unheimlich wichtig. Denn die Zeit mit ihnen ist alles andere als unbegrenzt – auch wenn man das oftmals gern glauben möchte.

Diese Erkenntnis kam mir zum allerersten Mal vor etwa zehn Jahren, als ich erfuhr, was mein Opa in seinem Leben alles geleistet hatte. Ich weiß noch, wie ich dastand und den Worten lauschte. Dass er zum Beispiel in Kriegsgefangenschaft war, ursprünglich aus Schlesien stammte und nach dem Krieg von dort flüchten musste. Dass er viel gewandert ist, sogar auf den Mont Blanc, und dass seine Lieblingsblume das Edelweiß war. Kleinigkeiten, vielleicht unbedeutend, aber doch kostbarer, als man glaubt.

Denn es sind die kleinen Dinge, die die Menschen in unserem Umfeld liebenswert machen. Und steckt nicht hinter all diesen Kleinigkeiten oftmals viel mehr, als man vermutet? Ich jedenfalls habe diese Geschichten über meinen Opa voller Ehrfurcht in mich aufgenommen und registriert, dass dieser Mensch so viel mehr war als nur mein Opa, der eben da war, in seinem Sessel saß, mit mir aß, lachte und spielte. Er hatte eine Geschichte.

Doch leider habe ich diese Dinge damals nicht von meinem Opa selbst erfahren, sondern von dem Pfarrer, der gerade dabei war, seine Grabrede zu halten.

Ein fremder Mann hat mir also allerhand aus dem Leben meines Opas erzählt, was ich gern von ihm selbst gehört hätte. Da wurde mir bewusst, dass ich dieses Gefühl nicht noch einmal erleben möchte. Dass ich von den Menschen, die mir wichtig sind, selbst erfahren möchte, was sie bewegt, was sie ärgert, was sie erlebt haben, sie zum Lachen bringt und sie nachdenklich macht. Und natürlich wollte ich mit ihnen ausreichend Zeit verbringen.

Als dann auch noch meine andere Oma ziemlich unerwartet starb – eigentlich war sie nur wegen einer normalen Routine-OP im Krankenhaus gewesen –, wurde mir erneut bewusst, wie schnell alles vorbei sein kann. Plötzlich hatte ich nur noch eine Oma: Lissi.

Und so verfestigte sich der Gedanke in mir weiter, mit den Menschen, die ich liebe, so viele Erinnerungen wie möglich zu sammeln und das Leben mit ihnen zu genießen.

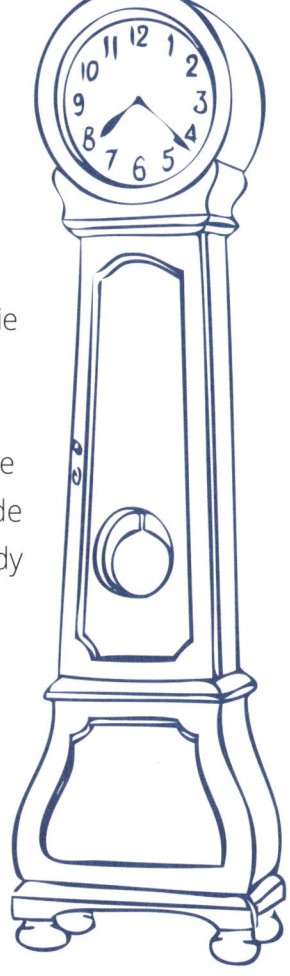

„Was machst wieder für Gschmarri, Christian? Geh ham etzadla!" Mit solchen Sprüchen hat Oma Lissi die ganze Familie schon immer zum Lachen gebracht.

Nun hatte ich auch verstanden, dass es genau diese kleinen, lustigen Momente im Leben sind, die wichtig sind, die uns zusammenbringen und Freude schenken. Deswegen fing ich an, sie mit dem Handy festzuhalten.

Auf diese Weise entstanden immer mehr witzige Videos und Bilder, die ich irgendwann nicht nur mit der Familie teilte, sondern auch mit meinen Freunden, und ich war begeistert davon, wie viel Freude die Videos einfach so bei ihnen auslösten.

# Eine Idee wird real: Willkommen auf meinem „Industrieblog"

Nicht immer so viel über alles nachdenken, sondern einfach machen. Das ist mein Motto.

Und nachdem die Resonanz auf Omas Videos so gut war, habe ich schließlich unseren Instagram-Account ins Leben gerufen. Mein Ziel war einfach, Freude zu schenken, Spaß zu haben und zu zeigen, wie unglaublich lustig es sein kann, wenn man sich mehr mit seinen Großeltern beschäftigt.

Schon nach den ersten Videos, die ich auf dem Account veröffentlicht hatte, war der Zuspruch unserer „Folloa", wie Oma immer sagt, unerwartet groß. Ich habe von euch so viele Nachrichten bekommen. Ihr habt mir eure eigenen Geschichten erzählt, mir von den Erinnerungen mit euren Großeltern berichtet – von emotional bis lustig war alles dabei.

Dafür bin ich unglaublich dankbar. Niemals hätte ich gedacht, dass ich mit diesem Account so viel Positives bewirken kann. Und was noch schöner ist: Viele haben unsere Seite als Ansporn genommen, die eigenen Großeltern auch wieder öfter zu besuchen, zusammen zu lachen und Erinnerungen zu sammeln.

Doch nicht nur unsere lustigen Gespräche und der Blödsinn, den wir zusammen machen, haben euch interessiert und bewegt. Auch die guten und einfachen Gerichte aus Omas Küche lassen euch an eure Großeltern denken.

Wir haben so viele Nachrichten und Anfragen zu Omas Rezepten bekommen, dass wir beschlossen haben, sie für euch in einem Buch festzuhalten.

Es ist ein etwas anderes Kochbuch. Die Gerichte, geschmückt mit kleinen Weisheiten von Oma, sollen euch Freude bringen.

Ich bin ein Fan von Authentizität, dementsprechend sind die Rezepte auch nach Omas Angaben formuliert. Sie kocht eben nach Gefühl – vielleicht kennt ihr das ja ebenso von euren eigenen Großeltern. Wenn ich Oma frage, wie viel Wasser oder Milch man beispielsweise nimmt und wie viel Mehl man in die Schüssel geben soll, lautet die Antwort irgendwie immer: „Na ja, ich mach das halt so nach Gefühl." Deswegen sind die Angaben in den Rezepten manchmal nicht hundertprozentig genau. Aber nehmt es mit Humor und versucht es dann eben mehr nach Gefühl.

*QR-Code scannen und Video ansehen.*

15

„Wenn du mal schlechte Laune hast,
hör auf, schlechte Laune zu haben,
und iss lieber eine Suppe."

# Suppen

Suppen waren schon immer ein beliebtes Essen. Sie wärmen den Bauch, tun bei Krankheit gut, sind schnell gekocht und machen auch zwischendurch satt. Es gibt sie in allerlei Variationen und Kreationen.

Als Grundlage für die Suppenrezepte in diesem Buch empfehlen wir Omas selbst gemachte Hühner- oder Rinderbrühe, für die es allerdings Zeit und Geduld braucht.

## Oma Lissis Tipp:

Das Fleisch kann zusammen mit der Suppe gegessen werden. Man kann aber auch am nächsten Tag aus dem Hühnerfleisch ein leckeres Frikassee kochen. Das Rindfleisch kann für einen Rindfleischsalat verwendet werden, oder man schneidet es abgekühlt in Scheiben, erwärmt es noch einmal in wenig Brühe und serviert es mit Meerrettichsoße und Salzkartoffeln.

Und noch ein Tipp, den Oma bei einer Bekannten aufgeschnappt hat, die aus Ungarn stammt: Beim Aufsetzen der Brühe ein wenig Tomatenmark (etwa einen halben bis einen Teelöffel, je nach Belieben) mit ins Wasser geben, das macht die Brühe noch kräftiger. Keine Angst, das ergibt keine Tomatensuppe, sondern tut einfach dem Geschmack gut.

# Omas Hühner- oder Rinderbrühe

*So wie sie früher gemacht wurde*

- 1 Suppenhuhn oder ein schönes Stück Suppenfleisch vom Rind
- 1 Zwiebel
- 2 Karotten
- 1 Stange Lauch
- 1 kleine Sellerieknolle
- ein paar Stängel Petersilie
- etwa 2 Liter Wasser
- Salz & Pfeffer

① Je nachdem, welche Brühe es werden soll, das Huhn (ohne Innereien) bzw. das Rindfleisch waschen und in einen großen Suppentopf legen.

② Die Zwiebel, Karotten, Lauchstange und Sellerieknolle waschen und putzen. Die Petersilie waschen und die Stängel im Ganzen in den Topf geben, ebenso das vorbereitete Gemüse.

③ Nun alles mit Wasser aufgießen (Menge nach Gefühl, etwa 2 Liter).

④ Die Suppe aufkochen, mit Salz und Pfeffer würzen und dann bei kleiner Hitze zugedeckt mindestens 2 Stunden köcheln lassen.

⑤ Am Schluss die Brühe durch ein feines Sieb gießen und nochmals mit Salz und Pfeffer abschmecken.

„Man muss nicht reich und berühmt sein, um als Glückspilz zu gelten. Man muss einfach nur Pilzsuppe essen."

# GLÜCKS-PILZSUPPE

*Weil Pilze angeblich Glück bringen, spreche ich gern mit Oma über das Glück, während wir die Suppe zubereiten. Eine einfache Suppe, in der aber viel mehr steckt. Ich mag einfach den Geschmack. Viel Glück beim Nachkochen!*

~~~

- 500 g Waldpilze (idealerweise frische, ansonsten geht es auch mit tiefgekühlten Pilzen)
- 1 Zwiebel
- 50 g Butterschmalz
- 1 EL Mehl
- 1 Liter Brühe (aus einem Suppenwürfel oder selbst gemacht nach dem Rezept in diesem Buch)

- 100 ml Sahne
- Salz & Pfeffer
- 1 Schuss Zitronensaft
- Petersilie zum Garnieren (wer mag, Menge nach Gefühl)

① Nicht immer gibt es Pilze frisch. Dewegen kann man auch auf Pilze aus der Tiefkühltruhe zurückgreifen. Verwendet man für die Suppe frische Pilze, werden diese geputzt und klein geschnitten. Schmutzige oder unschöne Stellen werden großzügig weggeschnitten, zumindest macht Oma das immer so.

② Anschließend die Zwiebel in Würfel schneiden und in Butterschmalz leicht braten, bis sie hellgelb geworden ist. Nun die frischen oder tiefgefrorenen Pilze zugeben und mitsamt der Zwiebel anschwitzen. Pilze ziehen viel Wasser, es dauert also eine Weile, bis die Flüssigkeit verdampft ist.

③ Dann alles mit Mehl bestäuben und kurz durchrösten lassen.

④ Mit der Brühe unter Rühren aufgießen, mit Salz und Pfeffer würzen und bei schwacher Hitze zugedeckt 15 bis 20 Minuten köcheln lassen.

⑤ Danach die Suppe mit der Sahne verfeinern und mit Salz, Pfeffer und Zitronensaft abschmecken.

⑥ Die Petersilie nach Belieben hacken und über die fertige Suppe streuen.

## Oma Lissis Tipp:

Hat man Speck daheim, kann dieser ebenfalls klein gewürfelt und zusammen mit der Zwiebel angebraten werden. Dadurch wird die Suppe noch würziger.

Liebe, Lache, Lissi

„Das Leben ist schön. Denke stets positiv, auch wenn der Tag mal mit Tränen beginnt."

# Fränkische Zwiebelsuppe

*Zwiebeln zu schneiden, kann schon heftig sein. Und für diese Suppe benötigt man eine ordentliche Menge. Damit es beim Schneiden keine Tränen gibt, kursieren viele Geheimtipps, zum Beispiel die Zunge beim Schneiden herauszustrecken. Ganz ehrlich, das hat nicht geklappt, zumindest nicht bei mir.*

Ein weiterer Trick, der darin besteht, beim Schneiden einen Schluck Wasser in den Mund zu nehmen, soll hingegen Wunder wirken. Also:
• Wasser in den Mund – und los geht's mit dem Schneiden.
• Wenn du fertig bist, das Wasser runterschlucken.
  Und, hat es geklappt? Bei mir auch nicht. ;)
• Tränen abwischen und weitermachen.

**Übrigens:** Oma selbst weint einfach nicht, wenn sie Zwiebeln schneidet. Wobei ich mich ernsthaft frage, wie sie das macht.

---

• 4 große Gemüsezwiebeln

• 1 Knoblauchzehe

• 750 ml Brühe (aus einem Suppenwürfel oder selbst gemacht nach dem Rezept in diesem Buch)

• 1 großer EL Butterschmalz

• Salz & Pfeffer

• 1 Bund Schnittlauch

• Bauernbrot

1. Nachdem die Zwiebeln in Ringe geschnitten sind, die Knoblauchzehe fein würfeln und die Brühe vorbereiten. Man kann auch einfach eine Brühe aus einem Suppenwürfel verwenden, das kommt aber natürlich nicht an Omas traditionelle Version heran.

2. Das Butterschmalz in einem Topf zum Schmelzen bringen. Die Zwiebeln zusammen mit dem Knoblauch darin so lange bei mittlerer Hitze anschwitzen, bis sie eine leichte Farbe bekommen. Aufpassen, dass sie nicht verbrennen – das passiert schneller, als man denkt.

3. Nun mit der heißen Brühe auffüllen, mit Salz und Pfeffer würzen und aufkochen lassen. Bei schwacher Hitze etwa 20 bis 25 Minuten köcheln lassen.

4. Zum Schluss die Suppe noch einmal abschmecken und mit Schnittlauchröllchen bestreuen.

5. Die Suppe mit Brot servieren und genießen.

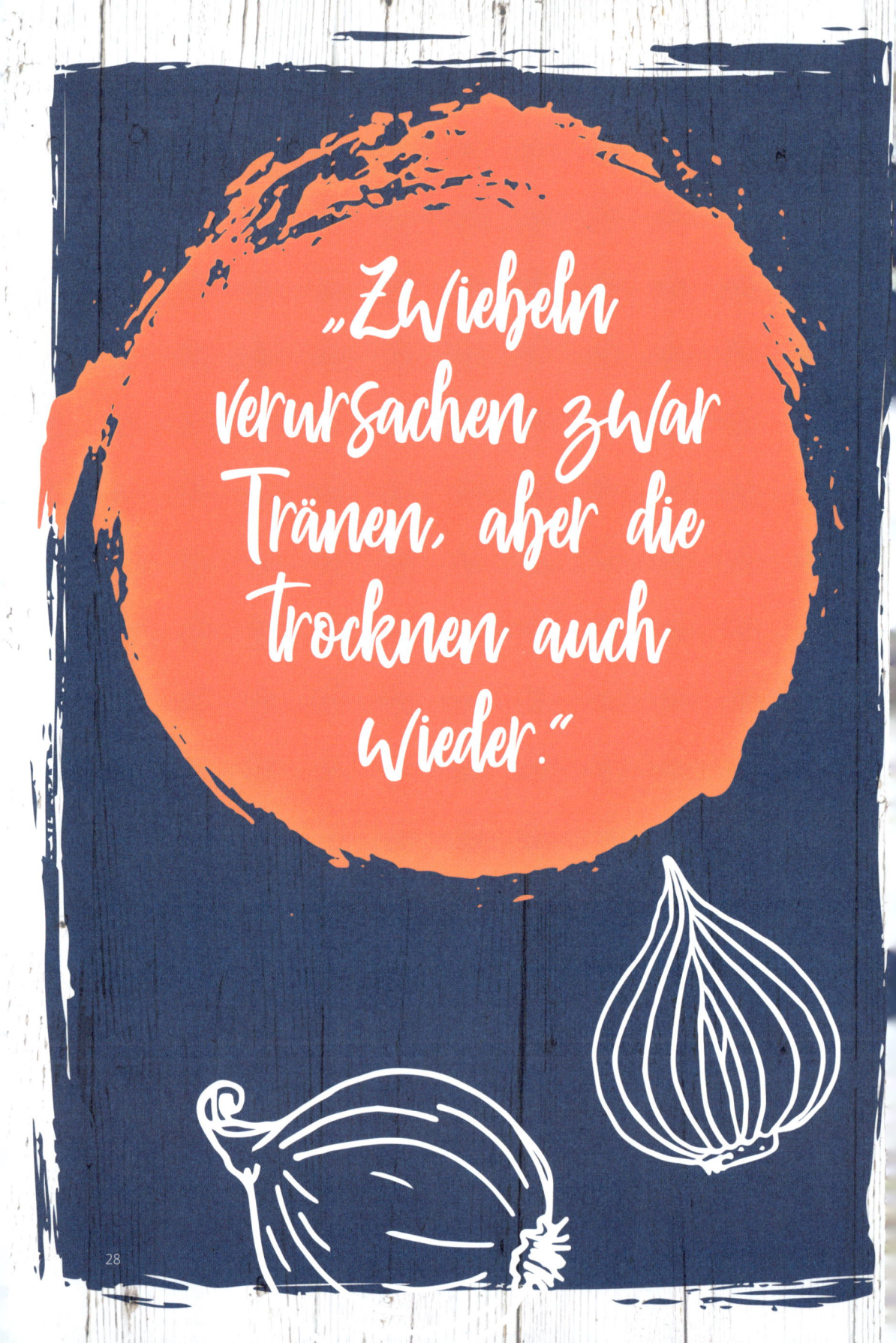

„Zwiebeln verursachen zwar Tränen, aber die trocknen auch wieder."

# Omas Hausmittel bei Erkältung und Husten

*Wirkt wahre Wunder – unbedingt ausprobieren!*

- 1 bis 2 große Zwiebeln
- Zucker (Menge nach Gefühl)

1. Die Zwiebeln schälen, in Streifen schneiden und in eine Schüssel oder ein Einmachglas geben.
2. Mit so viel Zucker bestreuen, dass die Zwiebeln bedeckt sind.
3. Nun alles zugedeckt ziehen lassen, es entsteht ein Saft bzw. eine Art Sirup. Diesen abgießen und nicht zu warm lagern, also am besten in den Kühlschrank stellen.

# Schwemmklöße-Suppe (Grießnockerlsuppe)

*Ganz einfach, aber lecker – die richtige Suppe, um groß und stark zu werden.*

- 250 ml Milch
- 25 g Butter
- Salz
- etwas Muskatnuss

- 250 g Grieß
- 2 Eier
- 1 Liter Brühe (aus einem Suppen-würfel oder selbst gemacht nach dem Rezept in diesem Buch)

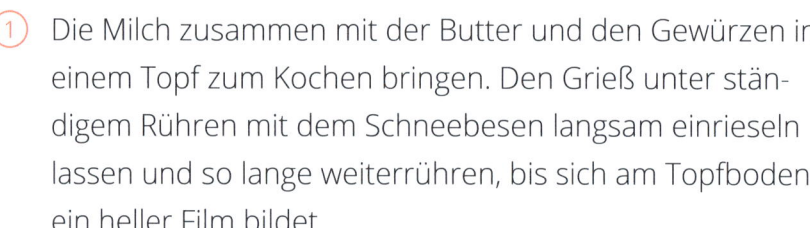

① Die Milch zusammen mit der Butter und den Gewürzen in einem Topf zum Kochen bringen. Den Grieß unter ständigem Rühren mit dem Schneebesen langsam einrieseln lassen und so lange weiterrühren, bis sich am Topfboden ein heller Film bildet.

② Nun den Topf vom Herd nehmen, ein Ei einrühren, die Masse kurz abkühlen lassen und erst dann das zweite Ei dazugeben.

③ Die Brühe in einem anderen Topf zum Kochen bringen.

④ Aus der Grießmasse mit zwei Löffeln Nockerl formen und in die nur noch leicht köchelnde Brühe einlegen. Hierfür je nach gewünschter Nockerlgröße entweder einen Teelöffel (für kleinere Nockerl) oder einen Esslöffel (für größere Nockerl) nehmen. Wir haben einen Esslöffel verwendet.

## Oma Lissis Tipp:

*Bei Oma gibt es oft auch eine geröstete Grießsuppe. Hierfür den Grieß in Butterschmalz unter Rühren anrösten, bis er ein bisschen Farbe bekommen hat. Anschließend mit der heißen Brühe aufgießen und gut durchkochen. Am Schluss nach Belieben ein Ei in die Suppe rühren und noch mal aufkochen lassen. Wer möchte, kann die Suppe noch mit Petersilie oder Schnittlauch verfeinern.*

⑤   Bei milder Hitze die Suppe so lange leicht köcheln lassen, bis die Schwemmklöße, wie man die Grießnockerl auch nennt, an der Oberfläche schwimmen. Das dauert etwa 15 bis 20 Minuten.

Natürlich kann man die Schwemmklöße auch aus gekauftem Nockerlgrieß zubereiten – sie haben dann aber nicht die Oma-typische feine Konsistenz. Am besten hält man sich exakt an die Angaben auf der Packung. Aus der fertigen Teigmasse die Nockerl formen und in der heißen Brühe wie oben angegeben garen.

ACHTUNG:
SUUUUPER-SÜß!

„Bist du bereit, deine Perspektive zu wechseln? Wie sonst ist wohl diese Suppe entstanden …"

32

# Biersuppe mit Schneeklößchen

*Ein Gericht aus Omas alter Rezeptsammlung*

- 1 Päckchen Vanillesoßenpulver (zum Kochen)
- 250 ml Milch
- 1 Zimtstange
- 750 ml Bier
- 1 Ei
- 2 EL Wasser
- 1 EL Zucker
- Zimtpulver zum Bestreuen

1. Die Vanillesoße mit der Milch nach Packungsanweisung zubereiten, dabei die Zimtstange mitkochen lassen und nach dem Kochen wieder entfernen. Das Bier unter die Soße rühren und alles etwas abkühlen lassen.

2. Das Ei trennen. Das Eigelb mit 2 EL Wasser verquirlen und mit dem Schneebesen in die abgekühlte Suppe rühren.

3. In einem weiteren Topf reichlich Wasser aufkochen, dann die Hitze zurückschalten.

4. Das Eiweiß zu steifem Schnee schlagen, dabei den Zucker zugeben. Aus dem Eischnee mit einem Löffel Klößchen abstechen und diese vorsichtig in das Wasser setzen, das jetzt nur noch leicht köcheln sollte. Zugedeckt 5 Minuten ziehen lassen.

5. Die Klößchen auf die Suppe setzen und mit Zimt bestreut servieren.

BROTSUPPE

# Brotsuppe

*Wenn man mal zu viel Brot übrig hat*

Dieses Rezept ergibt zwei Portionen Brotsuppe. Kannst du gern machen. Aber lass auch Platz für das Wurstbrot am Abend.

- 2 Handvoll altbackenes Brot
- 2 EL Butterschmalz
- Suppengemüse (2 Karotten, 1 kleine Sellerieknolle, 1 Zwiebel, 1 Stange Lauch)
- 1 Knoblauchzehe
- 1 Liter Wasser

- Majoran
- Kümmel
- 1 Schuss Sahne (nach Belieben)
- klarer Schnaps (nach Belieben und Gefühl)
- Salz & Pfeffer
- Petersilie

QR-Code scannen und Video ansehen.

1. Das Brot in etwa 1 cm große Würfel schneiden und in 1 EL Butterschmalz hellgelb braten. Anschließend auf einem Backblech ausbreiten und bei geringer Hitze im Backofen leicht rösten.

2. Das Gemüse putzen und in Würfel schneiden, die Knoblauchzehe ebenfalls fein würfeln. 1 EL Butterschmalz in einem Topf erhitzen und das Gemüse mit dem Knoblauch darin anbraten. Mit Wasser aufgießen, mit Majoran und Kümmel würzen.

3. Spezieller Lissi-Tipp für gute Laune: Jetzt auch noch einen Schuss Sahne sowie einen kleinen Fingerhut Schnaps hinzugeben.

4. Die Suppe bei mittlerer Hitze etwa 1 Stunde sanft köcheln lassen. Danach durch ein Sieb gießen, die Brühe auffangen und wieder in den Topf geben.
Omas Spartipp: Das Gemüse nicht wegwerfen, sondern pürieren. Es eignet sich unter anderem gut zum Binden von Soßen und Eintöpfen.

5. Die Brühe mit Salz und Pfeffer sowie einem weiteren kleinen Fingerhut Schnaps abschmecken, die Petersilie zugeben.

6. Das Brot aus dem Ofen nehmen und noch mal leicht in der Pfanne anbraten.

7. Die Suppe auf Tellern anrichten und mit dem Brot bestreuen, mit einem Lissi-Lächeln servieren.

Es macht Spaß, deine Freunde zu begeistern. Überrasche sie doch mal mit etwas anderem, zum Beispiel mit einer Tomaten-Gin-Suppe.

# Tomaten-Gin-Suppe

*Für eine Extraportion gute Laune*

- 1 kg Tomaten
- 700 ml Brühe (aus einem Suppenwürfel oder selbst gemacht nach dem Rezept in diesem Buch)
- 1 große Zwiebel
- 1 EL Öl
- Thymian
- Rosmarin
- 1 Lorbeerblatt
- Salz & Pfeffer
- Zucker (nach Belieben)
- 100 ml Sahne
- 1 Glas Gin

① Die Tomaten waschen, den Stielansatz und die Kerne entfernen und das Fruchtfleisch klein schneiden. Die Zwiebeln würfeln.

② Tomaten und Zwiebeln in einem Topf mit heißem Öl anschwitzen, mit der Brühe aufgießen. Thymian, Rosmarin und das Lorbeerblatt zugeben und alles zum Kochen bringen. Mit Salz und Pfeffer sowie nach Belieben etwas Zucker würzen.

③ Die Suppe bei nicht zu großer Hitze zugedeckt 1 Stunde köcheln lassen.

④ Danach durch ein Sieb gießen. Die Suppe noch einmal aufkochen, abschmecken und mit Sahne und Gin verfeinern.

## Oma Lissis Tipp:

*Für diese Suppe nimmt man am besten Fleischtomaten, die enthalten nicht so viel Wasser, sondern reichlich gutes Fruchtfleisch. Der Zucker sorgt vor allem bei säuerlichen Tomaten für eine angenehme Süße.*

„Das Rezept zum Glücklichsein: Lächle und genieße den Moment."

# Die Sache mit dem Geruch und den Erinnerungen

Bitte einmal ganz viele Erinnerungen an den Tisch. Und die gewürzt mit Liebe. Dann schmeckt es noch viel besser.

Erinnerungen sind etwas Schönes. Jeder von uns trägt sie im Herzen. Sie werden ausgelöst von den unterschiedlichsten Dingen. Von einem Ort zum Beispiel. Von Gegenständen, die wir immer um uns herum haben und eigentlich als selbstverständlich ansehen, die aber im richtigen Moment zu glänzen beginnen. Und sie werden ausgelöst von Düften, natürlich auch vom Geruch nach Essen.

Jeden Dienstag, wenn ich bei Oma bin, gibt es einen anderen vertrauten Duft. Wenn es nach Butterschmalz riecht, kann es so gut wie alles geben. Von Schnitzel bis Pfannkuchen oder Fleischküchle. Dann wäre da noch der Geruch von Braten oder Rouladen, der ganz besonders würzig ist, oder der süßliche Duft von gefüllten Paprikaschoten. Egal, was es gibt, es schmeckt, und dann fühle ich mich einfach wohl.

„Dir kann alles gelingen,
du musst es nur
kochen!"

# HAUPT-GERICHTE

*Deftig und herzhaft:*
*Lissis gute Laune zum*
*Nachkochen*

Jeden Tag zerbricht man sich den Kopf darüber, was man
Neues kochen könnte.

Diese Hauptgerichte sind perfekt für den Moment, wenn
der Magen so richtig schön knurrt. Sie sind für das Wohlbefinden, fürs Glück, für ein paar Erinnerungen und dieses
besondere Gefühl, daheim zu sein.

„Kein Schnitzel ist auch keine Lösung!"

# Panierte Schnitzel

*Schnitzel kann ich immer essen.*
*Da gibt es kein Wenn und Aber.*

- Mehl
- 2 Eier
- Semmelbrösel

- 4 Schweineschnitzel
- Salz & Pfeffer
- Butterschmalz

① Zum Panieren drei Teller vorbereiten. In den ersten Teller etwas Mehl geben. Im zweiten Teller die Eier mit der Gabel verquirlen. In den dritten Teller reichlich Semmelbrösel geben.

② Die Schnitzel dünn klopfen, mit Salz und Pfeffer auf beiden Seiten würzen. Im Mehl wenden, dann durch die Eier ziehen und das überschüssige Ei abtropfen lassen. Zum Schluss in den Semmelbröseln wenden und diese leicht andrücken.

③ In einer weiten Pfanne reichlich Butterschmalz erhitzen und die Schnitzel darin sofort von beiden Seiten jeweils etwa 3 Minuten goldgelb backen. Dann aus der Pfanne nehmen und auf Küchenpapier abtropfen lassen.

# Jägerschnitzel nach Lissi-Art

*Das Lieblingsrezept meines Opas*

- 300 g braune Champignons
- 1 Zwiebel
- 2 bis 3 EL Butterschmalz
- 1 EL Mehl
- 1 Tasse Wasser

- Majoran
- Salz & Pfeffer
- 1/2 Becher Sauerrahm
- 2 EL Petersilie
- 4 Schweineschnitzel

Früher habe ich mich oft gefragt, woher das Jägerschnitzel seinen Namen hat. Gute Frage, oder?

1. Während ihr noch wegen des Namens überlegt, fangt an, die Champignons zu putzen und in Scheiben zu schneiden. Danach die Zwiebel schälen und fein würfeln. Nun Butterschmalz in eine Pfanne geben (reichlich – für den speziellen Lissi-Effekt) und die Pilze mitsamt der Zwiebel darin anbraten.

2. Wenn alle Flüssigkeit verdampft ist und die Pilze eine schöne Farbe bekommen haben, mit Mehl bestäuben, kurz anrösten und mit ungefähr einer Tasse Wasser ablöschen. Mit Majoran, Salz und Pfeffer würzen.

3. Alles bei niedriger Temperatur etwa 10 Minuten köcheln lassen, dabei immer wieder umrühren.

4. Anschließend die Soße mit Sauerrahm verfeinern, die Petersilie zugeben und mit Salz und Pfeffer noch mal abschmecken.

5. Die Schnitzel etwas klopfen und von beiden Seiten mit Salz und Pfeffer würzen. In einer separaten Pfanne Butterschmalz erhitzen und die Schnitzel darin von jeder Seite etwa 3 Minuten braten.

6. Die Schnitzel auf Tellern anrichten, die Pilze darauf verteilen. Mit der Soße servieren.

Dazu schmecken besonders gut Omas Bratkartoffeln oder Spätzle.

*Und, habt ihr eine Ahnung wegen des Namens?*
*Seid kreativ und schickt uns eure Antwort auf Instagram.*

„Wenn du glaubst, das Leben läuft verkehrt, stell dich einfach an den Herd."

Nicht nur gutes Essen verschönert das Leben, sondern auch gute Musik. Wähle dein Lieblingslied aus und schnapp dir deinen Blödsinnpartner zum Mitkochen.

Die Musik ist an? Dein Blödsinnpartner steht bereit? Los geht's.

QR-Code scannen
und Video ansehen.

# Gulasch

- 800 g Zwiebeln

- 1 kg Rindergulasch
  (Omas Tipp: aus der Rinderwade)

- 3 EL Butterschmalz

- 1 Knoblauchzehe

- etwa 600 ml Fleischbrühe (aus
  einem Suppenwürfel oder selbst gemacht nach dem Rezept in diesem
  Buch)

- 1 bis 2 EL Tomatenmark
  (nach Belieben)

- 2 EL edelsüßes Paprikapulver

- etwas gemahlener Kümmel

- etwas getrockneter Majoran

- Salz & Pfeffer

- etwas Speisestärke zum Binden
  (bei Bedarf)

1. Zuerst voller guter Laune die Zwiebeln in Würfel schneiden.

2. Das Fleisch in einem schweren Topf mit heißem Butterschmalz von allen Seiten anbraten. Die Zwiebeln hinzufügen und glasig braten.

3. Die Knoblauchzehe durchpressen, mit dem Tomatenmark in den Topf geben und kurz durchrühren. Dann sofort mit so viel Brühe ablöschen, dass das Fleisch gut bedeckt ist.

4. Paprikapulver, Kümmel und Majoran zum Fleisch geben und gut verrühren, mit Salz und Pfeffer abschmecken.

5. Das Gulasch nun bei milder Hitze zugedeckt mindestens 2 Stunden köcheln lassen (je nach Fleischqualität – das Fleisch sollte gut weich sein).

6. Durch die relativ große Zwiebelmenge ist die Soße nun schön sämig geworden. Möchte man sie noch mehr gebunden haben, mit etwas angerührter Speisestärke abbinden. Die Soße mit Salz und Pfeffer abschmecken.

## Oma Lissis Tipp:

Für Oma gehört zu einem guten Gulasch eine ordentliche Menge Zwiebeln. Idealerweise sollten es beinahe so viele Zwiebeln wie Fleisch sein. Das hat den schönen Nebeneffekt, dass die Soße durch die sehr weich gekochten Zwiebeln bereits schön gebunden ist und man in der Regel kein zusätzliches Bindemittel benötigt.

# Healthy Food

Kennst du das? Es gibt diese Tage, an denen man sich vornimmt, ab heute motiviert zu sein, wieder mehr Sport zu machen und sich gesünder zu ernähren.

Aber genau dann, wenn ich mir das vornehme, motiviert bin und schon mit den Sportsachen im Auto losfahre, kommt es anders. Denn dann mache ich einen Zwischenstopp bei Oma, wo es schon an der Eingangstür so heftig nach Fett riecht, dass ich genau weiß, dass mein Plan nicht funktionieren wird. Und dann sehe ich auch noch in Omas Küche die Fleischküchle in so viel Butterschmalz schwimmen, dass ich mich frage, ob sich da wohl mehr Fleisch oder mehr Schmalz in der Pfanne befindet.

Eines weiß ich aber: Egal, wie motiviert ich bin, ich freue mich gerade einfach aufs Essen. Innerlich muss ich dann lachen, weil mein Vorhaben damit verschoben wird. Aber mal im Ernst, man muss sich doch im Leben generell wohlfühlen, dann hat man auch eine positive Ausstrahlung. Und ich finde, Positives zieht Positives an. Das Thema Gesundheit und Sport ist natürlich wichtig, aber es geht ja auch um ein gewisses Wohlbefinden. Und wenn du dich besser fühlst, wenn du mal etwas Deftiges isst, dann verbiete es dir nicht und genieße den Moment.

*Omas Meinung zu Healty Food gibt hier:* QR-Code scannen und Video ansehen.

# FLEISCHKÜCHLE MIT LISSI-STOPFER

*Für die Fleischküchle:*

- 1 bis 2 helle Brötchen vom Vortag
- 1/2 Zwiebel
- 1 kg gemischtes Hackfleisch (am besten vom Metzger eures Vertrauens oder aus eurem Lieblingsladen)
- 1 bis 2 Eier

- 2 EL Petersilie
- Salz & Pfeffer
- Muskat
- Semmelbrösel bei Bedarf
- Butterschmalz zum Braten

1. Die Brötchen klein schneiden, in eine Schüssel geben und in lauwarmem Wasser einweichen, danach gut ausdrücken.

2. Die Zwiebel schälen und fein schneiden. Zusammen mit dem Hackfleisch, den ausgedrückten Brötchen, den Eiern, der fein geschnittenen Petersilie, Salz, Pfeffer und Muskat in eine Schüssel geben und sorgfältig zu einem Teig vermengen. Bei Bedarf noch einmal abschmecken. Sollte die Masse zu weich sein, mit ein wenig Semmelbröseln binden.

3. Dann aus dem Teig Fleischküchle formen und diese in einer Pfanne mit heißem Butterschmalz bei mittlerer Hitze knusprig braun ausbraten. Wichtig: Den Herd nicht zu hoch stellen, sonst verbrennen die Fleischküchle zu schnell. Hier muss man einfach ein bisschen Geduld haben.

# Fleischküchle mit Lissi-Stopfer

*Für den locker-leichten Lissi-Stopfer:*

- 1,5 kg Kartoffeln (am besten nicht festkochend)
- Salz
- 200 bis 250 ml Milch
- 70 g Butter (nach Belieben auch mehr)
- Pfeffer, Muskat

1. Die Kartoffeln schälen und in einem Topf mit Salzwasser bei geschlossenem Deckel weich kochen – das dauert je nach Kartoffelsorte etwa 20 bis 30 Minuten. Dann in ein Sieb abgießen und etwas abkühlen lassen.
2. Anschließend die Kartoffeln in eine Schüssel geben und mit dem Kartoffelstampfer zerstampfen.
3. In der Zwischenzeit die Milch mit der Butter erhitzen, über die Kartoffeln gießen und alles schön vermengen. Mit Salz, Pfeffer und Muskat abschmecken.

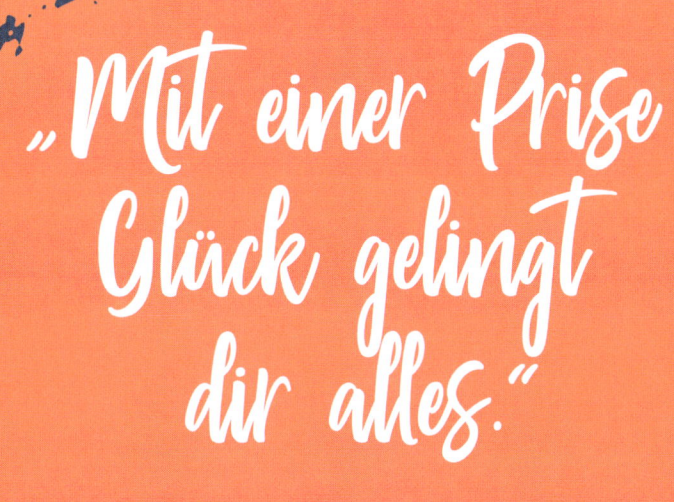

# „Mit einer Prise Glück gelingt dir alles."

Ich finde, Glück kann man nie genug haben.

**Bratwürste sind der Schlüssel zum Glück:**
eine Bratwurst = einmal Glück,
zwei Bratwürste = zweimal Glück.
Und wie viel Glück schaffst du?

Wusstet ihr eigentlich, dass die Bratwürste so klein sind, weil sie durch ein Schlüsselloch passen sollten?

# BRATWÜRSTE MIT SAUERKRAUT UND BROT

*Oma Lissis Klassiker – einfach zu machen und schmeckt immer.*

- 2 bis 3 Zwiebeln
- 100 g durchwachsener Bauchspeck
- 1 säuerlicher Apfel (z. B. Boskop)
- 4 EL Öl
- 1 Prise Zucker
- 1 Dose Sauerkraut
- 100 ml heißes Wasser
- Essig
- gekörnte Brühe
- 1/2 TL Pfefferkörner
- 3 Wacholderbeeren
- 2 Lorbeerblätter
- 24 kleine Nürnberger Rostbratwürste

## Oma Lissis Tipp:

*Am besten schmeckt das Sauerkraut übrigens, wenn es schon am Vortag zubereitet wurde und nochmals aufgewärmt wird.*

① Die Zwiebeln schälen und zusammen mit dem Bauch-speck in kleine Würfel schneiden. Den Apfel schälen, ent-kernen und ebenfalls klein schneiden.

② In einem Topf 3 EL Öl erhitzen, die Zwiebeln zufügen und anbraten. Die Apfelstücke und den Zucker dazugeben und kurz karamellisieren lassen.

③ Nun das Sauerkraut ohne Flüssigkeit hinzufügen und unter Rühren 5 Minuten dünsten. Mit dem Wasser auf-gießen, den Essig und die Gewürze zugeben und alles gut verrühren.

④ 1 Stunde bei milder Hitze garen, dabei öfters umrühren.

⑤ Wenn das Kraut fertig ist, die Bratwürste in einer Pfan-ne mit dem restlichen Öl braten, bis sie auf allen Seiten schön braun sind.

⑥ Alles mit frischem Brot servieren.

### *Dazu schmeckt auch Kartoffelsalat:*

- 1 kg festkochende Kartoffeln (Salatkartoffeln)
- 1 Zwiebel
- 4 EL Essig (am besten milden Weinessig)
- 3 EL Öl
- Salz & Pfeffer
- 1 Prise Zucker
- 125 ml Fleisch- oder Hühnerbrühe

Gekochte und in Scheiben geschnittene Kartoffeln mit den klein geschnittenen Zwiebeln, dem Essig, Öl, Salz, Pfeffer und Zucker Salatsoße vermengen. Durchziehen lassen, dann die warme Brühe zum Salat geben, mit Salz und Pfeffer abschmecken.

„Sauer macht lustig, saure Zipfel machen noch lustiger."

Noch nie war es einfacher, lustig zu sein, als mit diesem Rezept.

QR-Code scannen und Video ansehen.

# Saure Zipfel

- 4 Zwiebeln
- 1 Liter Fleischbrühe (aus einem Suppenwürfel oder selbst gemacht nach dem Rezept in diesem Buch)
- 100 ml Essig
- 250 ml Weißwein
- 5 Wacholderbeeren
- 3 Lorbeerblätter
- 1 EL Zucker
- Pfeffer
- 24 kleine Nürnberger Bratwürste

1. Wir brauchen mal wieder Zwiebeln. Hier reicht es, sie grob in Ringe zu schneiden.
2. Für den Sud die Fleischbrühe in einen großen Topf geben und aufkochen lassen. Den Essig, den Wein und die Gewürze hinzufügen und noch einmal zum Kochen bringen. Nun noch die Zwiebeln zugeben und alles für gute 15 Minuten ziehen lassen.
3. Jetzt fehlen nur noch die Bratwürste. Diese in den Sud legen und bei schwacher Hitze fünfzehn Minuten ziehen lassen, der Sud sollte dabei möglichst nicht kochen.
4. Die Würste mitsamt dem Sud und frischem Bauernbrot anrichten und es sich schmecken lassen.

Wer kennt das auch? Egal, wie viele Pfannkuchen ich mir vornehme – wenn ich satt bin, legt Oma mir trotzdem immer noch einen drauf. Und damit es viele Pfannkuchen gibt, hier Omas Rezept.

QR-Code scannen und Video ansehen.

# LISSIS PFANNKUCHEN

**Für den Teig:**
- 300 g Mehl
- ca. 250 ml Milch
- 1 Prise Salz
- 3 Eier

**Zum Braten:**
- Butterschmalz

① Alle Zutaten für den Teig in eine Schüssel geben und mit dem Schneebesen gut glattrühren.

② Danach etwa 1/2 TL Butterschmalz in einer Pfanne erhitzen. Eine Portion Teig mit der Schöpfkelle hineingeben und die Pfanne schwenken, damit sich der Teig gleichmäßig dünn in der ganzen Pfanne verteilt.

③ Den Pfannkuchen von beiden Seiten goldbraun braten und auf einen Teller geben.

④ Auf diese Weise den kompletten Teig verarbeiten, dabei für jeden neuen Pfannkuchen wieder etwas Butterschmalz in die Pfanne geben.

**Tipp:** *Oma macht das einfach nach Gefühl.*
*Wenn der Teig zu fest ist, noch etwas mehr Milch zugeben.*

Und wie viele Pfannkuchen schaffst du?

Eigentlich nimmt man für dieses Rezept frische Kartoffeln. Aber ich sage es ganz ehrlich: Das ist 'ne Mordsarbeit, also richtig viel, wenn ihr versteht. Meiner Meinung nach tut es auch fertiger Kloß-teig. Aber wenn ihr zum Beispiel jemand Besonderen begeistern und beeindru-cken wollt, lasst euch nicht aufhalten. Hier ist das Rezept.

„Kleine Erfolge sind gut für die Seele. Und ein paar Baggers auch."

## Oma Lissis Tipp:

2 bis 3 säuerliche Äpfel schälen, entkernen und in grobe Stücke schneiden. In etwa einem halben Topf Zuckerwasser mit etwas Zimt weich kochen. Das ergibt ein leckeres Apfelkompott, das zu den Baggers gegessen werden kann.

# Baggers

**Für ca. 15 bis 17 Stück:**

- 1 Zwiebel
- Butterschmalz
- 2 bis 3 Eier
- 1 kg rohe Kartoffeln (oder alternativ 750 g fertiger Kloßteig aus rohen Kartoffeln)
- Salz & Pfeffer

① Zuerst die Zwiebel schälen und fein schneiden, in 1 TL Butterschmalz braten, aus der Pfanne nehmen und auf Küchenpapier abtropfen lassen.

② Dann die rohen Kartoffeln waschen, schälen und reiben. Mit den Zwiebeln und den Eiern vermengen, mit Salz und Pfeffer herzhaft würzen.

③ Butterschmalz in der Pfanne erhitzen – Oma nimmt reichlich davon, damit die Baggers schön goldbraun werden. Von der Kartoffelmasse bzw. vom fertigen Kloßteig kleine Portionen abnehmen, diese plattdrücken und ins heiße Fett geben. Von beiden Seiten am besten bei mittlerer Hitze so lange braten, bis die Baggers schön knusprig sind.

Mit frischem Apfel- oder Pflaumenmus servieren. Die Baggers können aber auch mit herzhaften Beilagen wie zum Beispiel Räucherlachs genossen werden.

„Wenn du es dir vorstellen kannst, kannst du es auch kochen."

Wer ein positives und glückliches Leben führen will, braucht viel Energie.
Und in diesem Fall kommt sie aus Omas rotem Riesentopf.
Stell dir vor, du öffnest die Küchentür, deine Oma hat einen Riesentopf
in der Hand, sieht dich an mit einem Strahlen im Gesicht und sagt:
„Du kommst genau richtig, das Essen ist fertig."
Gute Vorstellung? Dann leg einfach los.

# Gefüllte Paprika

- 1 bis 2 helle Brötchen vom Vortag
- 1/2 Zwiebel
- 1 kg gemischtes Hackfleisch
- 1 bis 2 Eier
- 2 EL Petersilie

- Salz & Pfeffer
- 5 schöne rote Paprikaschoten
- 2 EL Butter
- 1 EL Mehl
- Tomatenmark (nach Belieben und Gefühl)

- 500 ml Brühe (aus einem Suppenwürfel oder selbst gemacht nach dem Rezept in diesem Buch)
- 1 Prise Zucker (nach Geschmack auch ein wenig mehr)

① Zuerst die Brötchen klein schneiden, in eine Schüssel geben und in lauwarmem Wasser einweichen, danach gut ausdrücken.

② Die Zwiebel schälen und fein schneiden. Zusammen mit dem Hackfleisch, den ausgedrückten Brötchen, den Eiern, der fein geschnittenen Petersilie, Salz und Pfeffer in eine Schüssel geben und sorgfältig zu einem Teig vermengen. Bei Bedarf noch einmal abschmecken.

③ Nun die Paprikaschoten waschen, den Stielansatz ausschneiden und die Kerne mit einem Löffel herauskratzen. Anschließend die Paprika mit der Hackfleischmasse füllen.

④ Die Butter in einem backofenfesten Topf erhitzen, das Mehl darin anschwitzen und mit der Brühe unter ständigem Rühren aufgießen. Nach Belieben Tomatenmark und Zucker hinzufügen. Ein paar Minuten durchkochen lassen.

⑤ Die gefüllten Paprikaschoten in die Soße legen und mit geschlossenem Deckel im Backofen bei 180 °C (Ober-/Unterhitze) ca. 40 bis 45 Minuten schmoren lassen.

# Leckere Lissi-Rouladen

- 4 Rouladen vom Rind
- Salz & Pfeffer
- Senf
- 8 Scheiben geräucherter Bauchspeck

- 2 Zwiebeln
- 4 Essiggürkchen
- 2 EL Butterschmalz
- 1 Bund Wurzelgemüse
- 1 Becher Sahne

- 1 Tasse Suppenbrühe (aus einem Suppenwürfel oder selbst gemacht nach dem Rezept in diesem Buch)
- Speisestärke nach Bedarf

„Du kannst Berge versetzen. Etwas ins Rollen zu bringen, ist gar nicht so schwer. Probiere es doch mal mit einer Roulade."

*Rouladen zuzubereiten, ist nicht so einfach, aber ich weiß, du schaffst es. Gutes Gelingen!*

1. Die Rouladen auf einem Schneidebrett auslegen, bei Bedarf noch etwas flacher klopfen. Mit Salz und Pfeffer würzen und mit Senf bestreichen.

2. Jede Roulade mit zwei Speckscheiben belegen. Eine Zwiebel und die Essiggürkchen in kleine Würfel schneiden und auf der breiteren Seite der Rouladen verteilen.

3. Nun die Rouladen möglichst eng zusammenrollen, mit Zahnstochern fest verschließen – auch seitlich, damit von der Füllung nichts herausfallen kann. In einem backofenfesten Topf mit heißem Butterschmalz rundherum scharf anbraten. Danach die Rouladen herausnehmen.

4. Das Wurzelgemüse und die zweite Zwiebel putzen und klein schneiden, in den Bratfond geben, anschwitzen und mit der Brühe ablöschen.

5. Die Rouladen jetzt wieder in den Topf legen. Noch so viel Wasser zugießen, dass die Rouladen gut bedeckt sind. Mit Deckel im vorgeheizten Backofen bei 160 °C (Ober-/Unterhitze) etwa 90 bis 100 Minuten schmoren.

6. Die Rouladen anschließend aus dem Fond nehmen. Die Soße zusammen mit dem Gemüse pürieren, mit der Sahne verfeinern und bei Bedarf noch mit etwas angerührter Speisestärke binden. Zu den Rouladen servieren.

„Wenn du alles isst, kannst du dir nichts vorwerfen. Gib immer hundert Prozent!"

*So ein Käse ;-)*
*Die Lendchen werden auch*
*mit achtzig Prozent gut.*

## Oma Lissis Tipp:

Nach Möglichkeit braune Champignons verwenden, diese haben einen etwas intensiveren Geschmack als weiße Champignons.

QR-Code scannen
und Video ansehen.

# ÜBERBACKENE SCHWEINELENDCHEN

- 800 g Schweinelende
- 30 g Butterschmalz
- Salz & Pfeffer

- 300 g Champignons
- 1 kleine Zwiebel
- 250 ml Sahne

- 2 EL Cognac
- 2 EL Tomatenmark
- 100 g geriebener Emmentaler

1. Das Fleisch in daumendicke Scheiben schneiden und in einer Pfanne mit heißem Butterschmalz von jeder Seite etwa 2 Minuten braten. Dann herausnehmen, mit Salz und Pfeffer würzen und nebeneinander in eine gefettete Auflaufform legen.

2. Die Champignons putzen, in Scheiben schneiden. Die Zwiebel fein würfeln. Beides im Bratfett anbraten und über die Filetscheiben verteilen.

3. Die Sahne mit Cognac und Tomatenmark verrühren, mit Salz und Pfeffer abschmecken. Über die Zutaten in der Form gießen.

4. Die Form ohne Deckel in den Backofen stellen und bei 180 °C (Umluft) 20 Minuten backen. Nach 5 Minuten Backzeit alles mit dem Käse bestreuen und goldbraun überbacken.

Dazu schmecken Kartoffelkroketten, Kartoffelrösti oder auch Reis.

### #Nie ohne mein Team

Man muss nicht immer eine Pizza bestellen. Das hier ist eine richtig gute Alternative, wenn ihr viele Leute im Haus habt. Ihr wisst ja jetzt schon, wie ihr den kleinen Hunger stillen könnt – dieses alte Rezept von Oma ist für den großen Hunger. Es war in den Achtzigerjahren sehr beliebt. Heute lassen wir den Pfundstopf wieder aufleben.

Wie der Name „Pfundstopf" schon sagt, wird von den meisten Zutaten ein Pfund genommen. Er ist also für reichlich Esser gedacht und eignet sich gut für Partys.

Los geht's, der Topf wird vollgemacht. Denn viele Leute brauchen viel zu essen.

# Pfundstopf

- 500 g Zwiebeln
- 2 Knoblauchzehen
- 500 g Paprikaschoten
- 2 EL Butterschmalz
- 500 g Rindfleisch (falsche Lende)

- 500 g Schweinelende
- 500 g Kassler roh
- 500 g Bratwurstgehäck (Bratwurstbrät)
- 500 g Rinderhackfleisch

- 250 ml Schaschliksoße
- 250 ml Currysoße
- 1 Becher Sahne
- Salz & Pfeffer
- Chili für die Schärfe

1. Die Zwiebeln schneiden, den Knoblauch fein hacken, die Paprikaschoten würfeln. Alles zusammen in einem großen Schmortopf oder Bräter mit Butterschmalz anbraten.

2. Das Rindfleisch, die Schweinelende und das Kasseler in Würfel schneiden (Größe wie für Gulasch), das Bratwurstgehäck und das Hackfleisch in kleine Stücke zerteilen. Alles zusammen in den Topf geben und gut vermischen.

3. Die Soßen, die Sahne und die Gewürze in einer Schüssel verrühren, über die Zutaten im Topf gießen.

4. Den Topf verschließen und in den auf 180 °C (Ober-/Unterhitze) vorgeheizten Backofen stellen. 2 Stunden garen, dabei immer wieder umrühren. In der letzten halben Stunde den Deckel abnehmen.

5. Bei Bedarf die Soße am Schluss noch einmal abschmecken.

Manchmal ist es im Leben wichtig, Ballast abzuwerfen, um voranzukommen. Platz für ein Schäufele sollte man aber immer haben.

Also machen wir Platz. Bereit?

# Fränkische Schäuferla

- 2 Zwiebeln
- 1 Bund Suppengrün (Sellerie, Lauch, Petersilie und Karotte)
- 2 Knoblauchzehen
- 1,5 kg Schäufele (Schweineschulter mit Knochen und Schwarte)
- Salz & Pfeffer
- gemahlener Kümmel

- 3 EL Butterschmalz
- 750 ml Wasser oder Fleischbrühe (aus einem Suppenwürfel oder selbst gemacht nach dem Rezept in diesem Buch)
- 250 ml dunkles Bier
- Speisestärke (nach Belieben zum Binden)

1. Die Zwiebeln und das Suppengrün putzen und in grobe Stücke schneiden, den Knoblauch fein würfeln.

2. Das Schäufele von allen Seiten mit Salz, Pfeffer und Kümmel einreiben und anschließend in einem Bräter mit Butterschmalz scharf anbraten. Bei der Schwarte sind sich nicht alle einig, aber Oma besteht darauf, dass die Schwarte ebenfalls angebraten wird, bevor es in den Ofen geht.

3. Das Fleisch so drehen, dass die Schwarte wieder nach oben zeigt. Nun das vorbereitete Gemüse zum Schäufele in den Bräter geben und mit Wasser oder Brühe aufgießen.

4. Auf die untere Schiene des auf 160 °C (Unter-/Oberhitze) vorgeheizten Backofens stellen und unter gelegentlichem Begießen mit Wasser, Bier oder Bratensaft 2 1/2 bis 3 Stunden garen. Evtl. noch etwas Wasser nachgießen. In den letzten 30 Minuten häufiger mit Wasser oder Bier bepinseln, damit die Kruste schön knusprig wird.

5. Das Fleisch herausnehmen. Den Bratensatz mit etwas Wasser ablöschen und aufkochen lassen. Dann durch ein Sieb gießen, nach Bedarf mit etwas Salz abschmecken und evtl. mit angerührter Speisestärke binden. Zum Schäufele servieren.

# Sauerbraten

- 1 kg Rinderbraten
- 2 Zwiebeln
- 1 Scheibe Sellerieknolle
- 1 Karotte
- 1 TL schwarze Pfefferkörner

- 2 Nelken
- 2 Lorbeerblätter
- 1 TL getrocknete Wacholderbeeren
- 250 ml Essig
- 500 ml Wasser

- 250 ml Rotwein
- 2 EL Butterschmalz
- 1 Brühwürfel
- Speisestärke nach Bedarf
- Salz & Pfeffer

*Für den Sauerbraten braucht man etwas Geduld. Denn damit er richtig gut schmeckt, muss er mindestens zwei Tage eingelegt werden. Aber ihr wisst schon: Was lange währt, schmeckt am Ende gut.*

① Das Fleisch in eine Schüssel legen. Die Zwiebeln in Ringe, Sellerie und Karotte in kleine Würfel schneiden und zusammen mit den Gewürzen zum Fleisch geben. Essig, Wasser und Rotwein vermischen und darübergießen. Das Fleisch mindestens zwei Tage im Kühlschrank zugedeckt ziehen lassen. Nun heißt es geduldig sein, etwas Schönes unternehmen und sich aufs Essen freuen.

② Am Zubereitungstag das Fleisch aus der Marinade nehmen, abtrocknen und in einem backofenfesten Schmortopf mit heißem Butterschmalz anbraten. Einen Teil der Marinade hinzugeben, mit dem Brühwürfel würzen. Den Braten im vorgeheizten Backofen bei 160 °C (Ober-/Unterhitze) zugedeckt etwa 2 1/2 bis 3 Stunden schmoren. Dabei nach und nach die restliche Marinade zugießen.

③ Nach Ende der Garzeit das Fleisch aus dem Fond nehmen und in Scheiben schneiden. Den Bratfond durch ein Sieb gießen, nach Bedarf mit etwas angerührter Speisestärke andicken, mit Salz und Pfeffer abschmecken.

④ Die Fleischscheiben wieder in die Soße legen und noch kurz ziehen lassen, dann servieren und es sich schmecken lassen.

Am besten schmeckt der Sauerbraten mit Gelben Klößen (Rezept beim Schweinebraten) und einem Salat der Saison.

„Hab Geduld mit allen Dingen – auch mit dem Sauerbraten."

*Nicht aufessen ist keine Option. Wofür auch immer du dich entscheidest, sorge dafür, dass es dich satt und glücklich macht. So wie ein Schweinebraten.*

## Oma Lissis Tipp:

*Gelbe Klöße passen optimal zum Schweinebraten. So werden sie gemacht: Semmelwürfel in einer Pfanne mit Butter knusprig anbraten und abkühlen lassen. Kloßteig aus rohen Kartoffeln (selbst gemacht oder fertig gekauft) in Portionen teilen. Jede Portion auf der Handfläche flach drücken, ein paar geröstete Semmelwürfel in die Mitte geben, den Teig ringsherum verschließen und zu Klößen formen. Die Klöße in leicht köchelndem Salzwasser etwa 15 Minuten ziehen lassen.*

# Schweinebraten mit Klössen

- 1 Knoblauchzehe
- 1 Karotte
- 1 Zwiebel
- 1/2 Stange Lauch
- 1 kg Schweinebraten (aus der Schulter)
- 2 EL Schweine- oder Butterschmalz
- 1 Lorbeerblatt
- Kümmel
- Salz & Pfeffer
- 700 ml dunkles Bier

1. Knoblauch, Karotte, Zwiebel und Lauch putzen und in kleine Stücke schneiden.
2. Den Schweinebraten von allen Seiten mit Salz und Pfeffer einreiben und in einem großen Schmortopf oder Bräter mit heißem Schmalz von allen Seiten scharf anbraten.
3. Das Gemüse mit dem Lorbeerblatt und Kümmel zugeben und mit dem Bier aufgießen.
4. Nun den Braten für ca. 1,5 bis 2 Stunden im Backofen bei 180 °C (Ober-/Unterhitze) schmoren.
5. Am Ende der Garzeit den Bratfond mit dem Gemüse durch ein Sieb drücken, in einen Topf geben, noch etwas Bier oder Wasser hinzufügen und aufkochen lassen. Die Soße mit Salz und Pfeffer abschmecken.

Zum Braten schmecken Gelbe Klöße, Semmelknödel oder Mehlklöße.

# Semmelknödel

- 9 Semmeln vom Vortag
- 250 ml heiße Milch
- 1 Zwiebel
- 1 TL Butterschmalz
- 3 Eier
- 2 EL Petersilie
- Salz
- Muskat

① Die Semmeln in feine Scheiben schneiden, in eine Schüssel geben und mit der heißen Milch übergießen. Zugedeckt etwa 15 Minuten durchziehen lassen.

② Die Zwiebel fein schneiden und in einer Pfanne mit Butterschmalz anbraten. Anschließend zu den eingeweichten Semmeln geben, ebenso die Eier und die klein geschnittene Petersilie. Alles gut vermengen und mit Salz und Muskat würzen.

③ Aus der Masse Knödel formen und in leicht köchelndem Salzwasser etwa 20 Minuten ziehen lassen.

## Oma Lissis Tipp:

*Mit Brezen statt Semmeln gibt's die leckeren Brezenknödel, die noch etwas geschmackvoller sind als Semmelknödel. Einfach den Teig zu einer Rolle formen, in Frischhaltefolie einwickeln und ins kochende Wasser geben.*

# Mehlklöße

- 2 bis 3 alte Brötchen
- 2 EL Butter
- 250 g Mehl
- 3 Eier
- 1 Messerspitze Salz
- ca. 180 ml Milch

① Die Brötchen in Würfel schneiden. Die Butter in einer Pfanne erhitzen und die Brötchenstücke darin goldgelb anbraten. Abkühlen lassen.

② Das Mehl mit den Eiern und dem Salz zu einem glatten Teig verrühren. Die Milch nach und nach unter Rühren zugießen und alles mit dem Kochlöffel so lange schlagen, bis der Teig Blasen wirft. Einfach nach Gefühl vorgehen hinsichtlich der genauen Milch- und Mehlmenge.

③ Anschließend die Brotwürfel unter den Teig mischen und etwa 30 Minuten ruhen lassen.

④ Nun mit bemehlten Händen nicht zu große Klöße formen und diese bei halb geschlossenem Deckel in leicht köchelndem Salzwasser etwa 20 bis 25 Minuten ziehen lassen.

## Oma Lissis Tipp:

*Man kann auch aus dem Teig mit einem großen Löffel Nocken formen und diese direkt vom Löffel ins köchelnde Salzwasser gleiten lassen.*

# Family – it's all about love

# FAMILY – IT'S ALL ABOUT LOVE

## Das Rezept für Familienzusammenhalt:

✔ Ganz viel (Blödsinn) reden
✔ Einfach mal abschalten
✔ Sich gegenseitig achten
✔ Zeit nehmen
✔ Gemeinsam etwas bewegen
✔ Einfach zusammen sein

Wenn wir als Familie gemeinsam essen, ist das mehr, als nur zusammen irgendeine Mahlzeit zu sich zu nehmen. Zeit mit der Familie bedeutet, füreinander da zu sein, laute, lustige, aber auch leise Gespräche zu führen. Gemeinsam etwas anzupacken, den Tisch zu decken, sich vom Tag oder der Woche zu erzählen. Sich zu necken, zu fordern und Freude zu teilen.

Man kennt die kleinen Ticks, die Eigenheiten der anderen. Natürlich zieht man sich auch mal damit auf, trotzdem weiß man immer, wie weit man gehen kann, ohne den anderen zu verletzen. Man sagt sich die Meinung und teilt nicht nur das Essen, sondern auch Erlebnisse. Kurz gesagt: Man fühlt sich einfach wohl.

Auch wenn einem das oft nicht bewusst ist, weiß ich doch, dass mich das gemeinsame Essen mit der Familie stark gemacht hat. In der ganzen Hektik des Alltags kann man bei der Familie auch einfach mal ankommen. Nichts ist schöner, als wenn Jung und Alt an einem Tisch sitzen und sich vom Tag erzählen, schöne Erlebnisse miteinander teilen oder auch Dinge, die einen beschäftigen und auf der Seele liegen. Ganz

wichtig für die gute Laune ist, dass jeder den anderen ernst nimmt. So war das bei uns immer, auch wenn es mal hitzig wurde.

Ich habe zum Beispiel gern beim Essen meine andere Oma Hilde geneckt. Weil ihre Frisur stets perfekt saß, fand ich es witzig, ihr immer wieder heimlich in die Haare zu pusten. Zuerst ärgerte Oma sich darüber, aber irgendwann fand sie es lustig und erzählte mir, warum ihr die Frisur so wichtig sei. Dass wenn es früher hektisch war, sie dabei Ruhe gefunden hat, sich die Haare zu frisieren. So stärkte sich unsere Verbindung, und wir haben dann immer öfter geredet – über alles Mögliche, ihre Schulzeit und immer mehr Gesprächsthemen.

Um zwölf gibt's bei Oma am Sonntag Essen, und man muss immer pünktlich kommen. Weil die Kniedla sonst verkochen und man überhaupt einfach pünktlich zu sein hat. Denn Oma kann Unpünktlichkeit gar nicht leiden.

Viele haben mich gefragt, wie oft ich Oma sehe. Nun, ich besuche sie jeden Tag. Ich begeistere mich für viele Dinge im Leben, aber die Zeit für Oma nehme ich mir. Unser Verhältnis war schon immer gut, was wohl daran liegt, dass ich bereits als Kind oft bei ihr war. Der Dienstag zum Beispiel ist bis heute eine Art Traditionstag. Da kocht Oma für meine Schwester und mich unsere Lieblingsgerichte.

Das Wichtigste, wenn man Zeit mit seinen Großeltern verbringt, ist, dass man das alles nicht nur für sie macht, sondern auch für sich selbst. Weil sie unsere Identität sind, weil sie viel erlebt haben und uns an ihren Erinnerungen teilhaben lassen. Ich bin jedes Mal dankbar, wenn ich daraus auch Kraft für mein eigenes Leben ziehen kann.

Wenn Oma mich bei der Hausarbeit einspannt, frage ich mich oft, warum die Handtücher oder Bettlaken immer ganz genau gefaltet und gestapelt sein müssen oder warum die

Orchideen diese besondere Pflege brauchen. Aber ein akkurat gefaltetes Handtuch ist viel mehr als nur ein Handtuch. Und eine Orchidee mehr als eine Blume. Man muss nur zwischen den Zeilen lesen, und das tue ich.

Ich möchte mich beileibe nicht als Moralapostel aufspielen, sondern nur die Anregung geben, genauer hinzusehen. Das habe ich von Oma gelernt. Es hat etwas damit zu tun, wie man mit den Dingen, die einem am Herzen liegen, umgeht. So wie sie mit den Blumen umgeht, so pflegt sie auch ihre Mitmenschen. Es geht um Respekt und Achtsamkeit.

Das akkurat gefaltete Handtuch zeigt wiederum, dass man im Tagesablauf eine gewisse Ordnung haben und Dinge nicht aufschieben sollte, nur weil sie gerade unangenehm sind. Ein paar Minuten kann man sich immer nehmen.

Außerdem habe ich von Oma gelernt, dass man pünktlich ist, weil man seine Mitmenschen genauso wenig warten lassen sollte, wie man selbst nicht gern wartet.

Ihr merkt also, dass diese kleinen, alltäglichen Dinge oftmals viel mehr verbergen, als man glaubt. Also lest zwischen den Zeilen.

Wie schon erwähnt werde ich oft gefragt, warum meine Beziehung zu Oma so gut ist. Ich denke, es ist wie mit den Orchideen: weil wir sie pflegen, weil ich mir die Zeit nehme und weil wir zusammen so viel Lustiges erleben. Nachdem ich nur noch eine Oma habe, wollte ich keine Fragen mehr offenlassen. Und so kam es dann schließlich auch zu unserem Instagram-Account: Ich wollte damit auch allen anderen Leuten Freude bereiten. Sie sollen sehen, wie wertvoll die gemeinsame Zeit und diese kleinen Momente sind. Mittlerweile ist mir das noch mehr bewusst als früher. Außerdem war es mir wichtig, meine Oma intensiv kennenzulernen, denn dadurch entdeckt man auch gewisse Eigenarten und Charaktereigenschaften an sich selbst.

Also fragt nach, wie Omas und Opas Kindheit und Jugendzeit war, wie der Alltag früher ablief und was sie rückblickend anders machen würden. Nehmt daraus etwas für euren eigenen Tagesablauf mit. Viel zu oft geht im Stress des Alltags das Zwischenmenschliche verloren. Omas einfacher Tipp ist hier: Zusammenhalt.

Oma meint, sie bereut nichts, und ich denke, das ist eine gute Einstellung. Dinge geschehen, und man soll im Moment leben. Ich versuche, das exakt so umzusetzen. Natürlich ist man nicht auf alles stolz, man macht Fehler. Aber Oma meint, das gehört ganz einfach dazu. Eine einfache Antwort mit großer Bedeutung. Oma sagt auch, dass früher nicht alles besser war, sondern anders. Damit hat sie recht. Wir selbst werden später mal genauso denken.

Ich versuche immer, etwas aus Omas Lebenserfahrung für mich abzuleiten: Welche Dinge sind wirklich wichtig im Leben? Wir können das in jungen Jahren noch gar nicht so richtig beurteilen. Oft erachten wir eher materielle Dinge als wichtig. Die Generation unserer Großeltern hingegen sieht das vermutlich anders, weil sie schon deutlich mehr durchlebt hat und weiß, was im Leben wirklich zählt.

Deswegen ist mein Motto: einfach machen, etwas erleben, nichts bereuen.

Was Oma sich für die Zukunft wünscht, ist auch einfach: Gesundheit und dass alle glücklich sind. Natürlich hat man heute unzählige Wünsche. Doch wie wertlos sind diese ohne Gesundheit und das Glück, das man im Herzen trägt? Ich denke, das liegt daran, dass unsere Großeltern bescheiden sind, nicht viel hatten und das Beste daraus machten. Umso schöner ist es, dass man sich durch die Gespräche mit den Großeltern daran erinnert, dass es anders sein kann. Daher sollten wir einander und das, was wir haben, mehr zu schätzen lernen.

„Statt dich über
Kleinigkeiten aufzuregen,
backe große Kuchen
und Torten."

# Kuchen und Torten

# Quark-Sahne-Torte

**Für den Boden:**

- 4 Eier
- 100 g Zucker
- 100 g Mehl
- 1 Messerspitze Backpulver
- 50 g geschmolzene lauwarme Butter

**Für den Belag:**

- 1 Dose Fruchtcocktail

**Für die Creme:**

- 8 Blatt weiße Gelatine
- 2 Becher Sahne (à 200 ml)

- 3 EL Zucker
- 500 g Quark (20 % Fettgehalt)

**Zum Verzieren:**

- geschlagene Sahne
- Mandelblättchen

1. Für den Boden die Eier mit dem Zucker mindestens 8 Minuten mit dem Rührgerät auf höchster Stufe schaumig schlagen. Das Mehl mit dem Backpulver mischen, sieben und vorsichtig unterheben. Zum Schluss die geschmolzene, fast abgekühlte Butter langsam unterziehen.

2. Den Teig in eine am Boden gefettete Springform (28 cm Durchmesser) geben, glattstreichen und im vorgeheizten Backofen bei 180 °C (Ober-/Unterhitze) 30 Minuten backen. Auf ein Kuchengitter stürzen und auskühlen lassen.

3. Den Fruchtcocktail gut abtropfen lassen und auf dem Boden verteilen.

4. Für die Creme die Gelatine in kaltem Wasser nach Packungsanleitung einweichen, gut ausdrücken und bei milder Hitze in einem kleinen Topf auflösen. Die Sahne zusammen mit dem Zucker steif schlagen, mit dem Quark vorsichtig vermengen. 2 EL von der Quark-Sahne-Creme zur lauwarmen Gelatine geben und gut verrühren, dann alles zur restlichen Creme geben und sanft unterheben.

5. Den Boden auf eine Kuchenplatte legen, einen Tortenring um den Boden stellen und die Quark-Sahne-Masse einfüllen. Im Kühlschrank mindestens 4 Stunden, am besten über Nacht fest werden lassen.

6. Danach den Tortenring entfernen und die Torte mit geschlagener Sahne und Mandelblättchen verzieren.

# Omas Eierlikörtorte

**Für den Boden:**

- 100 g weiche Butter
- 100 g Zucker
- 1 Prise Salz
- 1 Päckchen Vanille-zucker
- 4 Eier
- 1 EL Rum
- 200 g gemahlene Mandeln
- 1 Päckchen Back-pulver
- 100 g Raspel-schokolade

**Für den Belag:**

- 2 EL Preiselbeer-konfitüre
- 2 Becher Sahne (à 200 ml)
- 2 Päckchen Sahnesteif
- 2 EL Zucker
- Eierlikör

1. Die weiche Butter mit Zucker, Salz und Vanillezucker gut schaumig schlagen. Die Eier nacheinander zugeben und sorgfältig unterrühren, den Rum ebenfalls dazugeben. Die Mandeln mit dem Backpulver und der Raspelschoko-lade vermischen und unterheben.

2. Den Teig in eine gefettete Springform (20 cm Durchmes-ser) füllen. Im vorgeheizten Backofen bei 170 °C (Ober-/Unterhitze) 40 Minuten backen, dann zum Auskühlen auf ein Kuchengitter stürzen.

3. Den erkalteten Boden mit Preiselbeerkonfitüre bestrei-chen.

4. Die Sahne mit Sahnesteif und Zucker nach Packungs-anleitung steif schlagen, etwas davon zum Garnieren in einen Spritzbeutel geben, den Rest der Sahne auf dem Boden glattstreichen.

(5) Den Eierlikör mit einem Esslöffel vorsichtig auf der kompletten Oberfläche der Torte verteilen. Die zurückbehaltene Sahne als Tupfen auf die Torte spritzen.

# Eierlikörkuchen

*Oma Lissis Klassiker – geht schnell und schmeckt immer.*

〰️

- 5 Eier
- 250 g Puderzucker
- 1 Päckchen Vanille-zucker
- 250 ml Eierlikör
- 250 g Mehl
- 250 ml geschmacks-neutrales Öl (z. B. Sonnenblumenöl)
- 1 Päckchen Back-pulver

**Für die Form:**

- Butter und Semmelbrösel

**Zum Bestreuen:**

- Puderzucker

1. Die Eier trennen. Das Eigelb mit dem gesiebten Puder-zucker und Vanillezucker gut schaumig rühren. Öl und Eierlikör unterrühren. Mehl und Backpulver mischen, sieben und unter die Eigelbmasse heben. Das Eiweiß steif schlagen und vorsichtig unterziehen.
2. Den Teig in eine gefettete und mit Semmelbröseln ausge-streute Gugelhupf- oder Kastenform füllen. Im vorgeheiz-ten Backofen bei 175 °C (Ober-/Unterhitze) etwa 50 bis 60 Minuten backen.
3. Den Kuchen in der Form kurz abkühlen lassen, dann auf ein Kuchengitter stürzen und vollständig auskühlen lassen.
4. Mit Puderzucker bestäubt servieren.

Fee: „Du hast drei Wünsche frei, wähle weise!"

Chris: „Käsekuchen, dreimal bitte!"

Einfach mal eine Freude machen! Schenk deinen Freunden ein Lächeln, Blumen oder ein Stück Käsekuchen. Denn Käsekuchen schmeckt wirklich immer.

## Oma Lissis Tipp:

Den Käsekuchen nach dem Backen noch eine Weile im ausgeschalteten Backofen stehen lassen, dann fällt er nicht so sehr zusammen.

# Oma Lissis Käsekuchen

**Für den Knetteig:**
- 250 g Mehl
- 1 TL Backpulver
- 1 Ei
- 90 g Zucker
- 1 Messerspitze Salz
- 100 g kalte Butter

- etwas Butter zum Ausfetten der Form

**Für den Belag:**
- 200 g Sahne
- 4 Eier
- 250 g Zucker

- 1 Päckchen Vanillezucker
- 1 kg Magerquark
- 1 Päckchen Vanillepuddingpulver
- 250 ml Milch
- 2 EL Zitronensaft

1. Um einen schönen Knetteig herzustellen, das Mehl mit dem Backpulver, Ei, Zucker und Salz in eine Schüssel geben. Die Butter in kleinen Stückchen zugeben und alles rasch mit den Händen zu einem Teig verkneten. Diesen für etwa 30 Minuten in den Kühlschrank stellen.

2. Eine Springform (26 cm Durchmesser) am Boden und am Rand fetten, mit dem Knetteig auskleiden und einen schönen hohen Rand formen.

3. Für den Belag die Sahne steif schlagen. Die Eier in einer separaten Schüssel mit dem Zucker und Vanillezucker schaumig rühren. Quark, Puddingpulver, Milch und Zitronensaft unterrühren. Zuletzt die geschlagene Sahne vorsichtig unterheben. Den Belag auf dem Teigboden verteilen.

4. Den Kuchen im vorgeheizten Backofen bei 180 °C Ober-/Unterhitze (Umluft: 165 °C) ca. 60 bis 70 Minuten backen. Dann ist die Quarkmasse schön hoch aufgegangen.

„Genieße den Moment –
und dein nächstes
Stück Torte."

# Schwarzwälder Kirschtorte à la Oma

**Für die Böden:**

- 6 Eier
- 150 g weiche Butter
- 150 g Zucker
- 1 Päckchen Vanillezucker
- 75 g Mehl
- 75 g Speisestärke
- 3 gestrichene TL Backpulver
- 1 Prise Salz

**Für den dunklen Boden zusätzlich:**

- 120 g gemahlene Mandeln
- 150 g geriebene Schokolade
- etwas Milch (Menge nach Bedarf)

**Für die Füllung und Dekoration:**

- 1 großes Glas Sauerkirschen (entsteint)
- 2 EL Speisestärke
- 6 bis 8 EL Kirschwasser (das macht lustig)
- 500 ml Sahne
- 2 Päckchen Sahnesteif
- 2 EL Zucker
- 200 g Kirschmarmelade
- 1 EL Raspelschokolade

① Erst die Böden zubereiten. Dafür die Eier trennen. Die Butter schaumig rühren, die Eigelbe mit dem Zucker und Vanillezucker zugeben und alles hell cremig aufschlagen. Das Mehl mit der Speisestärke und Backpulver vermischen und auf die Eigelbmasse sieben. Das Eiweiß mit Salz sehr steif schlagen, ebenfalls in die Schüssel zu den anderen Zutaten geben und alles vorsichtig mit dem Rührlöffel untereinanderheben.

② Eine Springform (28 cm Durchmesser) einfetten, die Hälf-te des Teiges hineingeben und glattstreichen. Im vorge-heizten Backofen bei 180 °C (Ober-/Unterhitze) etwa 35 bis 40 Minuten backen. Dann kurz abkühlen lassen, den Springformrand entfernen, den Boden auf ein Kuchengit-ter stürzen und auskühlen lassen.

③ Die andere Teighälfte mit den Mandeln und der geriebe-nen Schokolade vermengen. Sollte der Teig zu fest sein, etwas Milch hinzugeben. Genau wie den ersten Boden backen.

④ Für die Füllung die Sauerkirschen in einem Sieb abtrop-fen lassen, dabei den Saft auffangen. Die Stärke mit 2 EL Kirschsaft glattrühren. Den restlichen Saft aufkochen und die angerührte Speisestärke unter Rühren mit dem Schneebesen einlaufen lassen. Aufkochen lassen, dabei ständig weiterrühren. Wenn die Masse gebunden hat, sofort vom Herd nehmen.

⑤ 16 schöne Kirschen für die Dekoration beiseitelegen. Die restlichen Kirschen unter den angedickten Kirschsaft heben.

⑥ Den hellen Boden auf eine Tortenplatte legen und gleich-mäßig mit dem Kirschwasser beträufeln. Die eingedickten Kirschen darauf verteilen und glattstreichen. Abkühlen lassen – wenn es schneller gehen soll, in den Kühlschrank stellen.

⑦ Die Sahne mit Sahnesteif und Zucker nach Packungs-anleitung steif schlagen. Etwa 4 EL Sahne in einen Spritz-beutel mit Sterntülle geben und in den Kühlschrank legen.

⑧  Mit einem Löffel oder einer Palette etwa die Hälfte der übrigen Sahne auf die fest gewordene Kirschmasse streichen, mit dem dunklen Boden bedecken und diesen leicht andrücken. Mit der Kirschmarmelade bestreichen. Die restliche Sahne daraufgeben und glattstreichen. Auch den Rand der Torte bestreichen. Die Oberfläche der Torte mit Raspelschokolade bestreuen. Mit dem Spritzbeutel 16 Sahnetuffs auf die Torte spritzen, je eine Kirsche auf jeden Sahnetuff setzen.

⑨  Die Torte bis zum Servieren kalt stellen.

# Nusszopf

**Für den Teig:**

- 500 g Mehl
- 1 Prise Salz
- 1 Würfel frische Hefe
- ca. 125 ml lauwarme Milch
- 100 g Zucker
- 100 g weiche Butter

- 2 Eier
- etwas abgeriebene Zitronenschale (von einer unbehandelten Zitrone)
- Mehl zum Ausrollen

**Für die Füllung:**

- 200 g gemahlene Haselnüsse
- 100 g Zucker
- 40 g Semmelbrösel
- 125 ml Milch
- 1 Prise Zimt

**Zum Bestreichen:**

- 1 Eigelb

„Zaubere den Leuten ein Lachen ins Gesicht – oder einen Nusszopf auf den Teller."

1. Das Mehl mit dem Salz vermischen, in eine Schüssel geben und in die Mitte eine Mulde drücken. Die Hefe hineinbröckeln, 2 EL lauwarme Milch und 1 TL Zucker zugeben und mit der Hefe sowie ein wenig Mehl zu einem Vorteig vermischen. Mit einem Tuch bedeckt an einem warmen Ort etwa 20 Minuten gehen lassen.

2. Danach die restliche lauwarme Milch, den übrigen Zucker, die Butter in Flöckchen, Eier und Zitronenschale zugeben und alles mit dem Mehl und dem Vorteig zu einem glatten Teig verkneten. So lange kneten, bis der Teig Blasen wirft und sich von der Schüssel löst. Mit einem Tuch bedeckt an einem warmen Ort noch einmal gehen lassen, bis sich das Volumen des Teiges etwa verdoppelt hat.

3. Danach den Teig auf einem bemehlten Backbrett zu einem Rechteck ausrollen.

4. Für die Füllung alle Zutaten verrühren und auf den Teig streichen, dabei am Rand rundherum etwa 1,5 cm frei lassen.

5. Den Teig straff einrollen, die Rolle der Länge nach mit einem scharfen Messer aufschneiden und die beiden Teile ineinander verdrehen. Den Zopf auf ein Blech mit Backpapier legen und mit einem Tuch bedeckt noch einmal 20 Minuten an einen warmen Ort gehen lassen.

6. Danach den Zopf mit Eigelb bestreichen und im vorgeheizten Backofen bei 170 °C (Ober-/Unterhitze) etwa 25 bis 30 Minuten backen.

# Zwetschgendatschi (Zwetschgenkuchen)

*Zwetschgen machen gute Laune. Und sogar ganz viel davon.*

**Für den Teig:**

- 350 g Mehl
- 1 Prise Salz
- 1/2 Würfel frische Hefe
- 125 ml lauwarme Milch
- 50 g Zucker
- 2 EL weiche Butter
- 1 Ei
- etwas abgeriebene Zitronenschale (von einer unbehandelten Zitrone)

**Für den Belag:**

- 2 kg Zwetschgen
- 1 Päckchen Vanillezucker
- Zimt
- 50 g geschmolzene Butter

1. Das Mehl mit dem Salz vermischen, in eine Schüssel geben und in die Mitte eine Mulde drücken. Die Hefe hineinbröckeln, 2 EL lauwarme Milch und 1 TL Zucker zugeben und mit der Hefe sowie ein wenig Mehl zu einem Vorteig vermischen. Mit einem Tuch bedeckt an einem warmen Ort etwa 20 Minuten gehen lassen.

2. Danach die restliche lauwarme Milch, den übrigen Zucker, die Butter, Ei und Zitronenschale zugeben und alles mit dem Mehl und dem Vorteig zu einem glatten Teig verkneten. So lange kneten, bis der Teig Blasen wirft und sich von der Schüssel löst. Mit einem Tuch bedeckt an einem warmen Ort noch einmal gehen lassen, bis sich das Volumen des Teiges etwa verdoppelt hat.

(3) Anschließend den Teig noch einmal kräftig durchkneten und auf einem gefetteten Backblech ausrollen. Mit der Gabel in gleichmäßigen Abständen einstechen, damit er sich beim Backen nicht wölbt.

(4) Nun die Zwetschgen waschen, gut abtropfen lassen und entsteinen. Dicht an dicht in Reihen auf den Teig legen. Den Vanillezucker mit dem Zimt vermischen und mit der geschmolzenen Butter verrühren. Über die Zwetschgen streichen.

(5) Den Zwetschgendatschi im vorgeheizten Backofen bei 180 °C (Ober-/Unterhitze) 35 bis 45 Minuten goldbraun backen. Auskühlen lassen und dann mit einem Lächeln genießen.

„Du brauchst nie etwas zu bereuen oder ein schlechtes Gewissen zu haben, besonders nicht beim Nachtisch."

# Allerlei Süßes

# Lissis Apfelstrudel

**Für den Teig:**

- 250 g Mehl
- 1 Prise Salz
- 1 EL geschmacksneutrales Öl (z. B. Sonnenblumenöl)
- 1 Ei
- geschmacksneutrales Öl zum Bestreichen (z. B. Sonnenblumenöl)
- Mehl zum Ausziehen
- 90 bis 100 ml lauwarmes Wasser

**Für die Füllung:**

- 1 kg Lieblingsäpfel (am besten würzig und säuerlich, z. B. Boskop)
- 100 g Zucker
- 1 TL Zimt
- gehackte Mandeln nach Belieben
- 1 Handvoll Rosinen (evtl. vorher in Rum oder Schnaps eingelegt)

**Zum Bestreichen und Begießen:**

- 225 g zerlassene Butter
- 200 ml heiße Milch

## „Spare nicht mit Komplimenten ..."

Mit Komplimenten sollte man nicht sparen. Es tut anderen Menschen gut, etwas Nettes gesagt zu bekommen. Also warum damit sparen? Mach doch öfter mal ein Kompliment.

Oma hat mir übrigens beim Strudelbacken ein tolles Kompliment gemacht. Sie meinte, ich würde mich gar nicht so blöd anstellen mit dem Schälen der Äpfel. Ist doch was.

1. Für den Teig das Mehl mit dem Salz vermischen, auf die Arbeitsfläche sieben und in die Mitte eine Mulde eindrücken. 1 EL Öl, das Ei und das Wasser hinzugeben und alles so lange fest verkneten, bis ein glatter, geschmeidiger Teig entstanden ist – gut für die Arme und die Vorfreude aufs Essen.
2. Den Teig zu einer Kugel formen, mit Öl bestreichen, in eine Schüssel legen und 30 Minuten zugedeckt ruhen lassen.
3. Anschließend den Teig auf einem mit Mehl bestreuten Küchentuch erst ausrollen, dann gleichmäßig dünn ausziehen. Der Teig sollte so dünn sein, dass man durch ihn eine daruntergelegte Zeitung lesen kann. Allerdings ist mir schleierhaft, wie Oma das schafft. Mir ist es jedenfalls nicht gelungen.
4. Für die Füllung die Äpfel schälen, entkernen und in dünne Scheiben schneiden. In einer Schüssel mit dem Zucker und Zimt vermengen und kurz ziehen lassen. Dann die Rosinen untermischen. Diese kann man nach Geschmack vorher in Rum oder Lissi-Schnaps einlegen.
5. Den ausgezogenen Teig mit einem Teil der zerlassenen Butter bepinseln, das Äpfel-Rosinengemisch gleichmäßig darauf verteilen, dabei am Rand rundherum ca. 3 cm frei lassen. Nach Belieben mit gehackten Mandeln bestreuen.
6. Den Teig mithilfe des Tuches zu einem Strudel aufrollen und diesen in eine große gefettete Auflaufform legen. Die gesamte Oberfläche des Strudels mit flüssiger Butter bestreichen. Die heiße Milch angießen und im auf 190 °C vorgeheizten Backofen (Ober-/Unterhitze) ca. 20 bis 30 Minuten goldbraun backen.

Zum lauwarmen Strudel schmeckt Vanilleeis oder eine leckere Vanillesoße.

# KIRSCHENMÄNNLE

- 700 g frische Süßkirschen (oder ein Glas eingemachte Kirschen, gut abgetropft)
- 3 bis 4 altbackene Brötchen
- 200 ml heiße Milch
- 2 große Eier
- 50 g Zucker
- 1 EL Zimt
- 50 g gehackte Mandeln
- 1 Prise Salz
- 2 EL Butterflöckchen

**Zum Bestreuen:**
- 2 EL Puderzucker

① Die Kirschen waschen, gut abtropfen lassen und entsteinen. Die Brötchen in Würfel schneiden, mit der heißen Milch übergießen und einweichen lassen.

② Die Eier trennen. Das Eigelb mit dem Zucker und dem Zimt schaumig rühren und mit den Kirschen, den Mandeln und den eingeweichten Brötchen vermischen.

③ Das Eiweiß mit Salz zu steifem Schnee schlagen, diesen vorsichtig unter die Brötchenmasse heben und alles in eine gefettete feuerfeste Form füllen.

④ Den Auflauf mit 2 EL Butterflöckchen belegen und im vorgeheizten Backofen bei 180 °C (Ober-/Unterhitze) auf der mittleren Schiene 40 bis 50 Minuten backen.

⑤ Vor dem Servieren mit Puderzucker bestreuen.

# Oma Lissis Kärwaküchle

*Schmecken immer, auch wenn gerade keine Kärwa ist.*

**Für den Teig:**

- 1 kg Mehl
- 1 Prise Salz
- 30 g Hefe
- 250 ml lauwarme Milch
- 70 g Zucker
- 70 g weiche Butter
- 1 Ei
- etwas Rum
- Vanillezucker

**Zum Ausbacken:**

- 1 kg Butterschmalz

**Zum Bestreuen:**

- Puderzucker

*„Das Leben ist wie ein Küchle. Nicht alles gelingt immer sofort. Aber Übung macht den Meister."*

1. Das Mehl mit dem Salz vermischen, in eine Schüssel geben und in die Mitte eine Mulde drücken. Die Hefe hineinbröckeln, 2 EL lauwarme Milch und 1 TL Zucker zugeben und mit der Hefe sowie ein wenig Mehl zu einem Vorteig vermischen. Mit einem Tuch bedeckt an einem warmen Ort etwa 20 Minuten gehen lassen.

2. Danach die restliche lauwarme Milch, den übrigen Zucker, die Butter in Flöckchen, Ei, Rum und Vanillezucker zugeben und alles mit dem Mehl und dem Vorteig zu einem glatten Teig verkneten. So lange kneten, bis der Teig Blasen wirft und sich von der Schüssel löst. Mit einem Tuch bedeckt an einem warmen Ort noch einmal gehen lassen, bis sich das Volumen des Teiges etwa verdoppelt hat.

3. Anschließend den Teig in 4 Portionen aufteilen und diese nochmals 10 Minuten ruhen lassen.

4. Eine Teigportion auf einem bemehlten Backbrett ca. 5 mm dick ausrollen, mit einem Teigrädchen in Rechtecke schneiden und diese mit einem Tuch bedeckt ca. 10 Minuten gehen lassen.

5. In der Zwischenzeit das Butterschmalz in einem Topf auf ca. 170 °C erhitzen. Die Teigrechtecke einzeln in das heiße Fett geben, mit einem Schöpflöffel ein paarmal Fett über die Mitte des Teigstücks gießen, damit das Küchle schön aufgeht. Zwischendurch einmal wenden. Das Küchle goldgelb ausbacken, dann mit dem Schaumlöffel aus dem Fett nehmen und auf Küchenpapier abtropfen lassen.

6. Auf diese Weise den kompletten Teig verarbeiten.

7. Die Küchle mit Puderzucker bestreuen und frisch zum Kaffee servieren.

# FEUERSPOTZN
# (FEUERSPATZEN)

**Für den Teig:**

- 1 Vanilleschote
- 5 Eier
- 170 g Zucker
- 2 Päckchen Vanillezucker
- etwas Salz
- 500 g Magerquark
- 500 g Mehl
- 1 Päckchen Backpulver

**Zum Ausbacken:**

- 1 kg Butterschmalz

**Zum Bestreuen:**

- Puderzucker

① Die Vanilleschote mit einem scharfen Messer der Länge nach aufschneiden und das Mark herauskratzen.

② Die Eier mit dem Vanillemark, Zucker, Vanillezucker und Salz gut schaumig rühren. Den Quark unterrühren. Das Mehl mit dem Backpulver vermischen, sieben und nach und nach unter die Quarkmasse heben.

③ In einem Topf das Butterschmalz auf ca. 170 °C erhitzen. Aus dem Teig mit einem Esslöffel kleine Kugeln abstechen und in das heiße Fett geben. Die Feuerspatzen schön goldbraun ausbacken, dann mit dem Schaumlöffel herausnehmen und auf Küchenpapier abtropfen lassen.

④ Mit Puderzucker bestreut genießen.

## Oma Lissis Tipp:

Man kann den Puderzucker zum Bestreuen auch mit Vanillezucker oder etwas Zimt mischen. Die Kipferl sind in einer gut schließenden Plätzchendose mindestens sechs Wochen haltbar – aber ihr wisst ja, so lange hält das bei mir nie.

Was gibt es Besseres als die Zeit, wenn Oma in der Küche steht und Plätzchen backt?

Richtig. Nichts – bis auf die Zeit, wenn Oma in der Küche steht und Küchle macht oder Fleischküchle brät oder …

Egal, legen wir los. Jetzt ist Zeit für Plätzchen.

# Vanillekipferl

- 275 g Mehl
- 80 g Puderzucker
- 200 g kalte Butter
- 2 Eigelb

- 150 g gemahlene Mandeln
- 1 Päckchen Vanillezucker

**Zum Bestreuen:**

- Puderzucker

1. Das Mehl mit dem Puderzucker vermischen und auf das Backbrett sieben, in die Mitte eine Mulde hineindrücken. Die kalte Butter in Flöckchen schneiden, zusammen mit den Mandeln, dem Vanillezucker und Eigelb in die Mulde geben und alles mit den Händen schön verkneten.

2. Den Teig in Klarsichtfolie wickeln und für gute 30 Minuten in den Kühlschrank stellen.

3. Nun geht's ans Formen. Die Hände gut mit Mehl einreiben. Vom Teig Stückchen abtrennen und diese auf dem bemehlten Backbrett zu Rollen formen, die an den Enden ein klein wenig dünner werden. Die Rollen zu Hörnchen biegen und auf ein Blech mit Backpapier legen – nicht zu dicht, da sie beim Backen noch aufgehen.

4. Bei 175 °C (Umluft) ca. 15 Minuten backen. Oma sagt, wenn sie langsam braun werden, sind sie gut. Und das gilt.

5. Die Kipferl nach dem Backen auf einem Kuchengitter abkühlen lassen und dann mit gesiebtem Puderzucker bestreuen.

„Mit einer guten Füllung Freude gelingt jedes Plätzchen."

# MARMELADENPLÄTZCHEN

**Für den Teig:**

- 200 g Mehl
- 100 g kalte Butter
- 80 g Zucker
- 40 g gemahlene Haselnüsse

**Für die Füllung:**

- 4 EL Marmelade

**Zum Bestreuen:**

- Puderzucker

1. Um einen leckeren Teig zu bekommen, erst mal die Ärmel hochkrempeln.
   Das Mehl auf das Backbrett sieben und in die Mitte eine Mulde hineindrücken. Die kalte Butter in Flöckchen schneiden, zusammen mit dem Zucker und den Nüssen in die Mulde geben und alles mit den Händen schön verkneten.

2. Den Teig in Klarsichtfolie wickeln und für eine gute Stunde im Kühlschrank ruhen lassen.

3. Nun den Teig auf dem bemehlten Backbrett nicht zu dünn ausrollen, damit die feinen Plätzchen nach dem Backen nicht brechen. Mit runden Ausstechformen (Kreisen, Blumen usw.) Plätzchen ausstechen. Bei der Hälfte der Plätzchen in der Mitte ein Loch ausstechen – Oma nimmt dafür einfach einen Fingerhut, das klappt prima.

4. Die Plätzchen auf ein Blech mit Backpapier legen und bei 175 °C (Ober-/Unterhitze) 10 bis 12 Minuten backen. Darauf achten, dass die Plätzchen nicht zu dunkel werden. Danach zum Abkühlen auf ein Kuchengitter legen.

5. Erst wenn sie ganz ausgekühlt sind, die Plätzchen ohne Loch mit Marmelade bestreichen. Es schmeckt mit jeder Marmelade, ganz ehrlich. Jeweils ein Plätzchen mit Loch darauflegen, leicht andrücken und mit gesiebtem Puderzucker bestäuben.

# Lissis Lebkuchen

**für ca. 25 bis 30 Stück (je nach Größe der Oblaten):**

- 5 Eier
- 3 EL Honig
- 140 g brauner Zucker
- 1 Päckchen Vanillezucker
- 1 Prise Salz
- 160 g Zitronat
- 160 g Orangeat

- 200 g gemahlene Haselnüsse
- 200 g gemahlene Mandeln
- 50 g fein gehackte Walnüsse
- 1 Päckchen Zitronenschalenaroma
- 1 Päckchen Orangenschalenaroma
- Wolkenpapier (Oblaten)

- 15 g Lebkuchengewürz (ersatzweise 1 gestrichener Teelöffel Zimt sowie je 1 Messerspitze gemahlene Nelken, Muskat und Anis)

**Für die Zuckerglasur:**

- 150 g Puderzucker
- 1 TL Zitronensaft
- etwas warmes Wasser

① Die Eier mit dem Honig, Zucker, Vanillezucker und Salz in eine Schüssel geben und mit dem Rührgerät einige Minuten auf höchster Stufe rühren, bis die Masse schön schaumig geworden ist.

*QR-Code scannen und Video ansehen.*

(2) Das Zitronat und das Orangeat mit einem Messer sehr klein hacken und unter die Eier-Honig-Zucker-Mischung rühren. Die Nüsse, die Aromen und das Gewürz zugeben und unterrühren.

(3) Den Teig über Nacht kühl stellen, erst dann entfaltet er sein volles Aroma.

(4) Am nächsten Tag den Teig schön durchkneten oder durchrühren. Die Arbeitsfläche mit etwas Mehl bestäuben und mit den Händen jeweils etwa eiergroße Teigstücke formen. Diese mit etwas Mehl bestäuben (denn der Teig ist ein wenig feucht), auf die Oblaten setzen und flach drücken. Darauf achten, dass am Rand der Oblaten rundherum etwa 3 mm frei bleiben.

(5) Um zügig durchbacken zu können, empfiehlt es sich, den Backofen auf 150 °C Ober-/Unterhitze vorzuheizen. Die Lebkuchen etwa 17 bis 20 Minuten backen. Dabei ist es wichtig, dass sie saftig bleiben. Also lieber etwas kürzer backen als zu lange.

(6) Am Ende die Lebkuchen mit Zuckerglasur, geschmolzener Schokolade oder Schokoladenglasur überziehen.

(7) Für die Zuckerglasur den Puderzucker sieben und in einer Schüssel mit dem Zitronensaft sowie etwas warmem Wasser zu einer dünnen Glasur verrühren. Die noch heißen Lebkuchen auf der Oberseite damit bestreichen und auf einem Kuchengitter gut trocknen lassen.

(8) Die fertigen Lebkuchen in einer gut schließbaren Dose aufbewahren. Dann schmecken sie am besten.

„Liebe ist:
Wenn der eine kocht,
spült der andere ab."

# Noch ein Wort zum Schluss

Auch wenn wir hier am Ende sind, die gute Laune hört niemals auf. Ich hoffe, Omas Rezepte haben euch begeistert und dazu bewogen, das eine oder andere nachzumachen.

Ich wünsche euch von Herzen nur das Beste. Bleibt immer positiv, nutzt die Zeit, lacht, so viel es geht, und esst immer brav auf.

Ach, und noch was: Bei vielen ist es ja verpönt, Fotos von seinem Essen auf Instagram zu posten – bei uns ist es hingegen ausdrücklich erwünscht!

Lasst uns gemeinsam gute Laune verbreiten. Schickt uns Bilder von den Gerichten, von euch am Herd, mit eurer Oma, allein oder mit der ganzen Familie.

Ein besonderer Dank geht an meine Familie, die mich immer unterstützt, egal, welchen Blödsinn ich im Kopf habe. Danke, dass ihr immer an meiner Seite seid. Das gilt auch meinen Freunden, die immer zu mir stehen. Das bedeutet mir alles. Family – it's all about love.

Danke an Michelle. Dafür, dass wir dieses Projekt zusammen umgesetzt haben. Du bist so voller Energie, eine tolle Person und Autorin. Danke für die tolle Zeit. Ich freue mich auf weitere spannende Projekte, die noch folgen werden.

Danke an Torsten von Buchgewand. Dafür, dass du dem Buch nicht nur ein Gesicht gegeben, sondern es durch deine Gestaltung zum Leben erweckt und so zu einem echten Hingucker gemacht hast.

QR-Code scannen
und Video ansehen.

Danke an unsere Lektorin Susanne Jauss. Ohne dein Fachwissen, deine Feinarbeit und deine Geduld wäre dieses Buch nicht, wie es ist.

Und Oma, dir will ich auch danken, aber ich weiß nicht, wie ich es in Worte fassen soll. Ich bin einfach froh, dass es dich gibt – dich und deine Fleischküchle, Pfannkuchen, Kärwaküchle, Kuchen … na ja, ihr wisst schon. Ich glaube, ich habe gerade einfach Hunger und rede wieder Gschmarri. Oma würde sagen: „Geh ham etzadla."

Also: Ade bleibt schee und servus miteinander.

Euer Chris